JN055203

訪問調理師
ごはんさんの
予約が取れない

野菜大好きレシピ

子ども料理研究家
訪問調理師
ごはんさん 著

徳間書店

はじめに

食事の時間は、いつだって楽しい時間です。苦手な食材にしかめっ面をして嫌々食べるのは、本人も作ってくれた人も、そして食材だってつらい気持ちになります。

私は年500件、のべ2000件ほどのお宅に訪問調理に伺ってきましたが、100％の確率でお子さんの好き嫌いのお悩みに直面します。その多くは、お野菜。大人と子どもの五感はまったく異なるので、苦手の原因を探るのは本当に至難の技です。

どうにか食べられるようにとママやパパはあれこれ工夫をするのですが、それがかえって大人にも子どもにも負担になり、食事がつらい時間になってしまう、という声も多数。だからこの本は、野菜の苦手を克服する本ではありません。好きな野菜がもっともっとおいしく楽しく食べられるようになる本です。

私はお休みがまとめてとれると、全国の農家さんたちを訪れ、農作業と引き換えにおうちに泊めてもらう（図々しくてすみません!）ことを、趣味にしています。時には農作業をしながら、時には夜ご飯を食べながら野菜に対する思いや、農家さんたちしか知らないおいしい食べ方などを伺ううちに、どんどん野菜が好きに、いとおしく感じるようになりました。

給食調理師として働いていたころは、多く残されて戻ってきたメニュー、逆に容器が空っぽになって戻ってきた料理などを見比べ、子どもたちの好きな味つけや切り方、味覚などを自分なりに研究してきました。こうした農家さん巡りや給食調理師としての経験も、この本の中にはいっぱい詰まっています。

野菜をもっと楽しんで食べてほしいと願っているママさんやパパさん!　野菜の調理法が広がると、お料理のレパートリーもグンと広がります。簡単ステップで作れるベジレシピを集めましたので、ぜひお役立てください!

できれば子どもさんと一緒に読んでほしい…そんな思いを込めて、（恥ずかしいのですが笑）私がイラストも描きました!

「これ、食べたいな」「一緒にママやパパと作りたい!」

そんな声がお子さんから出たら作戦成功!　とってもとっても嬉しいです!

一人でも野菜好きの子が増えることを願って。

子ども料理研究家／訪問調理師

ごはんさん こと 飯泉友紀

ごはんさん流！

子どもがパクパク食べる野菜レシピって？

ごはんさんの料理はやさしい味だよ♪

1 洋風スープの素＆中華だし不使用！無水煮、皮丸ごと調理法で野菜の旨み爆発！

野菜のおいしさを存分に味わってほしいとの思いから、本書では、洋風スープの素や中華だしをあえて使っていません。無水で蒸す、野菜を皮ごと使うなどして、野菜の旨みを引き出すと何にも代えがたい調味料へと変身。少しのテクニックで「野菜ってこんなに甘いんだ！」って実感してもらえると思います。小さなお子さんも安心して食べられますよ！

味つけは塩＆塩こうじのみ

塩豚汁▶P111

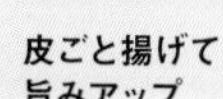

皮ごと揚げて旨みアップ

れんこんチップス▶P51

2 人気給食のアイデアから生まれたメニュー多数！

栄養バランス、子どもウケする味、最高のコスパ…。給食には、子どもが笑顔でお皿が空っぽにする知恵が詰まっています。以前、給食調理師として働いていた時の経験から、人気給食メニューのアイデアをたくさん詰め込みました。簡単ステップで、身近にある食材だけで作れるものばかりです。

もうすぐできるよ

中身はすりおろし
にんじんと豚肉

にんじん揚げ餃子▶P22

濃厚ごぼうを
鉄板甘辛ダレが

チキンチキンごぼう▶P83

3 冷めてもおいしいお弁当メニューもいっぱい

このマークがついていたら
お弁当用にも使ってね

お弁当にしてもおいしいメニューをたくさん掲載。目印にお弁当アイコンをつけているので探してくださいね。訪問調理師の仕事の一部である、デリバリーやケータリングのお仕事で培った〝冷めてもおいしく、かつ、彩りが豊かなもの〟がズラリ！特に「野菜が主役の肉おかず」の章（P76-89）では、タンパク質も野菜も同じだけとれる、主菜と副菜の垣根を取り払った料理を掲載しています！

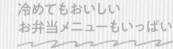

ピーマン衣の鶏むねピカタ▶P86

ずっとふっくら

つまバーグのトマトソース煮込み▶P54

4 ピーラー切り、鉛筆むきetc. 苦手が好きに変わる切り方

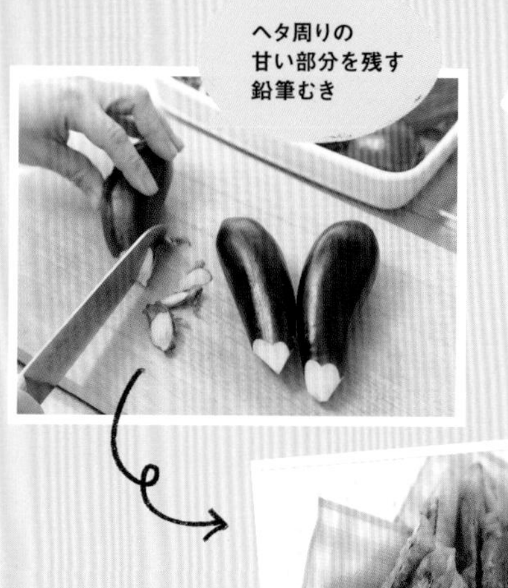

ヘタ周りの
甘い部分を残す
鉛筆むき

筑前煮は乱切り、きんぴらは千切り。料理の当たり前とされている切り方を変えただけなのに、途端にパクパクと食べだすことがあります。なすの一番甘いヘタ部分をできるだけ残す切り方や、麺のようにちゅるちゅると食べられるピーラー切りなど、子どもが食べやすい切り方をたくさん紹介しています！

なすとオクラの
お好み焼き粉揚げ▶ P12

5 カリカリ、シャキシャキ "音"が聞こえるレシピ作り

いっぱい食べるよ

子どもは食感が楽しいメニューが大好き！ 揚げ物には小麦粉ではなく、片栗粉や米粉を使うと"シャクッ"と食感が生まれるのでおすすめです。他にチーズを焦がして野菜と一緒におせんべいのような食感に仕上げたり、大学いもを乱切りではなく小さめに切って、カリカリ面積を増やしたり……。子どもにごはんの献立を知らせる時も、食感を一緒に伝えてあげると食欲が刺激されるはず。

大学いもの
イメージが変わる！

カリカリ面積倍増大学いも▶ P47

パリッと香ばしい揚げごぼう▶ P41

片栗粉に絡めて

6 ほったらかし焼き、ミルフィーユ煮etc 野菜が2倍おいしくなる火の使い方

加熱料理をしている時、何度もひっくり返す、必要以上にかき混ぜるなど、自分でも気づかない間にマイルールができているものです。本書では、火の使い方についていつもより少し丁寧に明記しています。ほったらかし焼きやミルフィーユ煮、細かいところでは「最初の5分は触らないで」など。「少しうるさいな！(笑)」と感じるところもあるかもしれませんが、それもこれも野菜の旨みを爆発させるため！　ぜひ、試してみてくださいね。

層にして煮込む

ガーリックトマトスープ▶P108

7 コクを生み出す食材と合わせ 野菜料理に奥行をプラス

煮込み料理やチーズ、お肉の脂などを味わった時に感じるコク。子どもって“コク”センサーがとっても敏感です（笑）。野菜料理を作る時も、出汁、チーズ、お肉の脂などと組み合わせてメニューを考えてみると、パクパク度が増すかもしれません。また、きんぴらにケチャップを、洋風煮込みに白みそをなど異なるカテゴリーの調味料を隠し味に加えても、コクが生まれますよ。

豚肉の脂が
トマトにしみ込む

トマトサンドバーグ▶P8

ごはんさんの
料理で野菜が
大好きになったよ

隠し味でコク甘♪

牛ごぼうのケチャップきんぴら▶P38

ジュワーッとあふれる肉汁とやさしいトマトの味が大好き。味つけが塩と砂糖だけなのも安心
(10歳女の子のママ)
あつあつ

BEST RECIPE 1

トロのようなとろける食感に夢中！

トマトサンドバーグ

材料（12個分）

トマト（小）… 3個
豚ひき肉… 400g
塩…小さじ½
砂糖…小さじ½
うずらの卵…お好みで

冷蔵 3日　冷凍 14日

作り方

1 トマトは7㎜の輪切りにする。ボウルに豚肉と塩、砂糖を加えて練るように混ぜる

白っぽく粘りが出るまで

2 12等分した肉ダネをトマトを真ん中にはさんで、成形する

直径4㎝が目安

3 フライパンに油大さじ½をひいて、**2**を並べてから中火で3分焼く。ひっくり返してから蓋をしてさらに2分焼く。うずらの卵を目玉焼きにして、上にのせる

肉を並べてから点火すると肉汁が流出しにくい

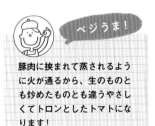

豚肉に挟まれて蒸されるように火が通るから、生のものとも炒めたものとも違うやさしくてトロンとしたトマトになります！

油揚げのカリッと感、とろ〜りチーズがほうれん草と合うみたい。お弁当の定番メニューです
(5歳男の子のママ)
カリカリッ
とろーり

子ども大好き！　カリッ&とろ〜り食感

BEST RECIPE 2

ほうれん草のキッシュ稲荷

材料（8個分）

油揚げ（油抜きしたもの）
…4枚
ほうれん草…4株
卵…2個
ピザ用チーズ…80g

作り方

1 油揚げは半分に切って中を開く。ほうれん草は苦み抜き（ベジうま！参照）をしてから、長さ1cmに切る

油揚げの上から菜箸を転がすと開きやすくなる

2 フライパンに油大さじ1をひき中火で熱し、ほうれん草と卵液を流し入れて、木ベラで大きくかき混ぜる

卵は半熟くらいでOK

3 **2**とピザ用チーズを8等分して、**1**の油揚げの中に詰める

詰める量は油揚げ⅔程度に

4 フライパンに油小さじ1をひき、中火で熱して**3**を焼く。外側から1cm内側の計4カ所を木ベラで押さえ、中身が出ないようにする

溶けたチーズがボンドの役割に

1

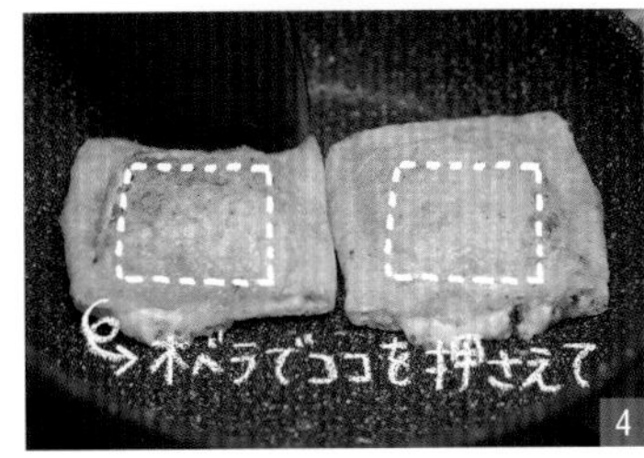

4

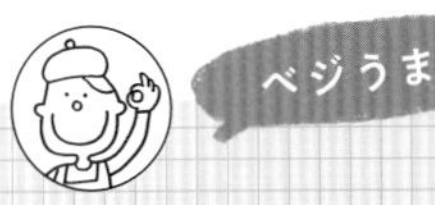

ベジうま！

ほうれん草は根元を切り、水を張ったボウルに3分浸けると、苦みが抜けます。このワザで食べるようになったお子さんもたくさん♪

BEST RECIPE 3

下味がなくても味がキマル

なすとオクラのお好み焼き粉揚げ

材料

なす…3本
オクラ…6本
お好み焼き粉…100g

作り方

1 なすとオクラのヘタ部分を切る。なすはその後、縦に4等分する

おいしい切り方はP93をチェック!

2 お好み焼き粉と水120mlを混ぜて衣を作り、なすとオクラを絡める

お好み焼き粉と水の比率はコレが黄金比

3 フライパンに油を鍋底から3cm入れて中温に熱し、転がしながら2分揚げる

最初の30秒、衣が固まるまで触らない

冷蔵 3日　冷凍 14日

スナック感覚で食べてくれる！ 余りがちなお好み焼き粉と水だけでOKな、忙しい主婦の救世主！
(12歳男の子のママ)

初めてピーマンを食べてくれたメニュー。じっくり焼くとこんなにも甘くなるんだと知りました！
（3歳男の子双子のママ）
とろーり
冷蔵
3日
冷凍
14日

やみつきふわとろ食感！

BEST RECIPE 4

ピーマンのはんぺんチーズ詰め

材料

ピーマン…5個
はんぺん…2枚（180g）
ピザ用チーズ…60g

作り方

1 ピーマンのヘタ部分を親指を押し込み、軸ごとタネを取り出す（P91参照）

ポコッと軸とタネが外れます

2 手でちぎったはんぺん、チーズ、はんぺんの順で、タネを取り出した穴から詰め込む

はんぺんは膨らむので入れすぎ注意

3 フライパンに油大さじ½をひき中火で熱し、2分ずつ計2回転がして3面を焼く

焦げ目がつくまで焼くと甘みアップ

本当にカリッカリで香ばしい！ これでにんじん嫌いを克服しました！
(4歳と6歳の男の子のママ)
カリカリッ

BEST RECIPE 5

おやつ感覚！　手づかみでどうぞ

カリカリにんじんせんべい

材料（10枚分）

にんじん…1本
塩…ひとつまみ
ピザ用チーズ…200g

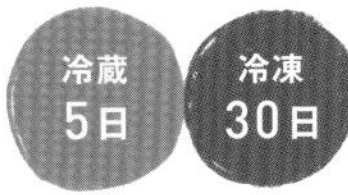

作り方

1 にんじんを千切りにする。塩揉みして5分おき、出た水分はよく絞る

塩ひとつまみで塩揉み

2 フライパンに油をひき中火で熱し、チーズを10等分して円形に広げる

直径5cmくらいが目安

3 チーズが溶け、裏面が固まったらにんじんをのせる。フチに焦げ目がついてきたら裏返し、さらに3分焼く。カリッと両面焼けたらできあがり

裏返して3分間は触らない

1

にんじんの塩揉みは少し面倒ですが、水切りまで丁寧に行うとカリッとした仕上がりに！

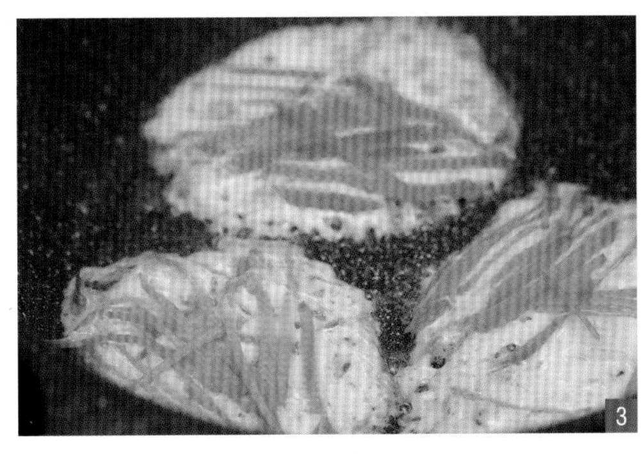
3

訪問調理師ごはんさんの
野菜大好きレシピ

CONTENTS

PART 1
10分でササッと作れる
野菜別 レシピ

PART 2

4つのメニューに変身!

おかわりベジディップ

PART 3

ヘルシーなのにボリューム満点!

野菜が主役の肉おかず

PART 4
給食アレンジメニューもたくさん！
野菜がおいしい麺&ごはん

PART 5
味つけは塩だけなのに旨み5倍増し！
魔法のベジスープ

PART 6
給食アレンジメニューもたくさん！
ベジおやつ

この本の見方

★記載のレシピは4人分（大人2人分と子ども2人分）を目安にしています。年齢や個人差がありますので、適宜調整をお願いします。

★野菜は中サイズ、卵はL玉、パスタは7分ゆでのものを基本的に使用しています。これとは異なるものを使用している場合には、材料の個所に注記しています。

★使用する油について、種類を限定したほうがよりおいしくいただける場合は、ごま油やオリーブオイルなど具体的な種類を明記しています。単に油と表記している場合はお好みのものをご使用ください。

★冷凍・冷蔵の保存期間の目安を記しています。冷凍の場合は、冷蔵庫で数時間〜半日かけての解凍が望ましいですが、レンジ解凍する場合は500Wで行うのがおすすめです。

★お弁当アイコンがあるものは、お弁当やホームパーティにも活用いただきたい冷めてもおいしいメニューです。

★調味料について特に特定したものでない場合は以下のものを使用しています。
砂糖：てんさい糖、きび砂糖　塩：自然塩　小麦粉：薄力粉　バター：有塩

★調味料の分量は大さじ1＝15ml、小さじ＝5mlで計算しています。

★写真に掲載されている飾り用の野菜などについて、レシピの分量は省略しています。

★調味料の分量は目安です。お子さんの年齢や味覚に合わせてご家庭に合う味へと加減をお願いします。

★野菜の下ごしらえについて省略していることがあります（洗う、皮をむく、ヘタを取るなど）

★加熱時間はあくまでも目安です。火加減、鍋の大きさによって異なる場合があります。

PART
1

10分でササッと作れる

野菜別 レシピ

調理時間10分以内でパパッと作れる
野菜別レシピをご紹介。
調味料いらずで作れるものから、
農家さん直伝のメニューまで、野菜苦手さんも必見の
アイディアや調理法がいっぱい!

包む必要がないので、子どもと一緒に作るのが楽しい♪　鶏ひき肉なので揚げてもさっぱり

(5歳男の子のパパ)

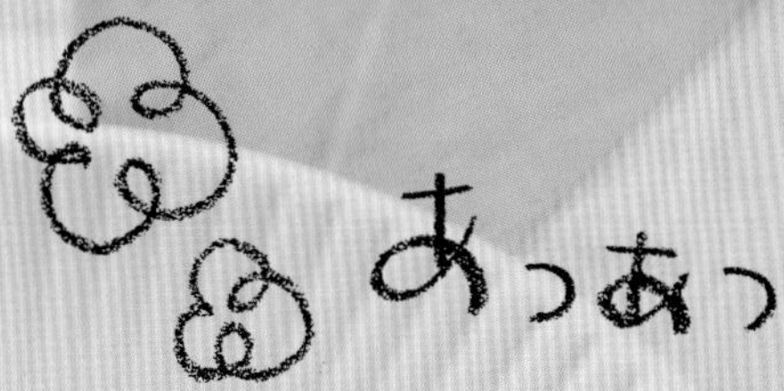

給食の大人気メニューをアレンジ！

にんじん揚げ餃子

にんじん

油と相性抜群！ 炒め料理、揚げ料理で甘さが増して、ホクホクとろとろに！

材料 (10個分)

にんじん…1/3本
鶏ひき肉…100g
塩…ひとつまみ
餃子の皮（大判）
…10枚

作り方

1 にんじんをすりおろし、軽く水気を絞る

皮ごと！

2 鶏ひき肉と塩を混ぜ合わせる

白っぽく粘り気が出るまで！

3 餃子の皮の真ん中に10等分した**2**の具材とにんじんを真ん中にのせる。皮のフチに水をつけ、半分に合わせる

4 鍋に底から1cmほど油を入れて中温に熱し、餃子を片面30秒ずつ揚げる

きつね色になったらひっくり返して

ベジうま！

すりおろしにんじんは揚げると甘みがアップ！ 生の状態で冷凍保存できるのもポイント。その場合は、凍ったまま揚げて！

バターとベーコンでコクと旨みをアップ

にんじんとベーコンのバターグラッセ

冷蔵 5日　冷凍 30日

材料

にんじん…1本
厚切りベーコン…1枚
A バター…10g
A 塩…小さじ¼
A はちみつ…小さじ1

作り方

1 にんじんは皮をむかずに7㎜の輪切りに、ベーコンは1㎝の短冊切りにする

2 鍋ににんじん、ベーコンとA、水100㎖を入れて蓋をして中弱火で10分煮る。蓋を外して、中火にしてとろみがつくまでさらに煮る

焦げつかないよう、木ベラで混ぜて

蓋をして蒸すように煮てから、最後にタレを煮詰める方法を教わってから、にんじんが上手に調理できるように！
(8歳男の子のパパ)

はちみつでてりてり

豚バラから出た油で炒めるので、コクと旨みたっぷり！ 調味料も最小限で、小さな子どもにも安心です
(2歳・3歳の女の子のママ)

調味料はシンプルに

にんじんと豚バラのあっさりしりしり

冷蔵 5日

冷凍 30日

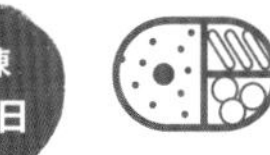

材料

にんじん(大)…1本
豚バラ肉…150g
みりん…大さじ½
塩…小さじ½

作り方

1 にんじんは千切り、豚肉は幅1cmに切り、塩で下味をつける

塩はひとつまみ・分量外

2 フライパンに油大さじ½をひき中火で熱し、豚肉を炒める

3 豚肉に火が通ったらにんじんを入れる。しんなりしたらみりんを入れて、蓋をして3分蒸す

蒸す時は弱火で！

4 蓋をとり、塩を入れて水分を飛ばす

最後は中火に

卵&小麦粉不使用で、アレルギーさんもOK

キャベツと長いもだけ お好み焼き

冷めてもふっくらしているから、離乳食やおやつ代わりにと持ち歩けるのが便利! 2人で10枚は平らげます!

(1歳と5歳の女の子のママ)

キャベツ

食感の王様！ 切って少し時間をおくと まろやかで食べやすく

材料（10枚分）

キャベツ（小）
…½玉
長いも…1本（250g）
片栗粉…大さじ3

作り方

1 キャベツは長さ3cmの千切りにして、塩もみをする。すりおろした長いもと片栗粉と一緒に混ぜる

長いもは皮ごと使って

2 フライパンに油大さじ1をひき中火で熱し、スプーンで生地を落とし、片面2分ずつ焼く

直径6cmが目安

3 器に盛り、お好みで、ソースやマヨネーズ、かつお節をかける

冷蔵 5日
冷凍 30日

1

ベジうま！

お弁当用は生地にかつお節を混ぜ、塩を少し多めに入れるとソースいらず！

3

キャベツの甘さが一番感じられる料理！

ロールサーモン

冷蔵 3日　冷凍 30日

材料（8個分）

キャベツ…8枚
にんじん…½本
いんげん…8本
紅鮭…4切
塩こうじ…大さじ½
酒…小さじ1

作り方

1 キャベツの葉を8枚軸から外す。にんじんは千切り、いんげんはヘタを切る

2 水100mℓとキャベツを入れて中火で5分蒸した後、5分おく

お湯は後ほど使うので捨てない

3 鮭は半分に切って、塩ひとつまみをふり、キャベツの真ん中よりやや手前に置く。⅛の量のにんじんといんげんを鮭の上にのせ、手前からひと巻きして、左右を内側に折り、そのまま最後まで巻く

プレゼント包みの要領で！

葉の余った部分を下に

4 2のお湯が入った状態の鍋に3を入れ、酒と塩こうじを加える。蓋をして中弱火で10分煮込む

キャベツを蒸した水分で煮込むやさしい甘さがお気に入り。野菜を食べて初めて「あま〜い」って言った！
（4歳の女の子のママ）

スープにもキャベツのうまみ♪

一度キャベツを蒸してから入れるので、やわらかくて甘い！ 下の子はそのまま、お兄ちゃんはケチャップをかけるのがお気に入り
（3歳女の子・8歳男の子のママ）

蒸すように焼くから、やわらかくて甘い！

キャベツぎっしりキッシュ

冷蔵 3日　冷凍 ×

材料（直径20cm）

キャベツ（小）…½玉
卵…4個
かつお節…2.5g

作り方

1 キャベツは長さ5cmの千切りにして、塩揉みをする

塩小さじ½でしんなりする程度に塩揉み！

2 鍋にキャベツを入れたら蓋をして弱火で10分蒸す。ボウルに移し、卵とかつお節を入れて混ぜ合わせる

3 フライパンに油をひき弱火で熱し、**2**の具材を流し込んで蓋をして、弱火で10分焼く。ひっくり返してさらに1分焼く

5分経つまでは蓋を開けずにガマン！

3

ピーマン

ピーマン＝苦いはもう古い!?
甘くて、タネも食べられる

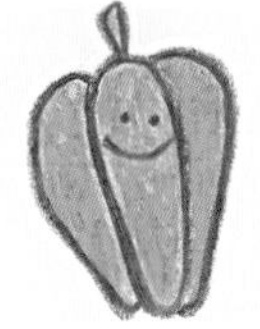

ごま油で炒めて香ばしく！

ピーマンの屋台風卵焼き

冷蔵 5日　冷凍 30日

材料（直径20cm）

ピーマン…5個
みりん…大さじ½
卵…3個
塩昆布…5g

作り方

1 ピーマンを長さ2cmの細い千切りにする

2 フライパンにごま油大さじ1をひき中火で熱し、ピーマンをしんなりするまで炒める

よく炒めると甘みアップ

3 みりんを入れてさらに30秒ほど炒めたら、ボウルに取り出して、卵液と塩昆布を加えて混ぜる

4 フライパンを中火で熱して3を流し込み、片面2分ずつ焼く

焼き色をつけたいので蓋はしないで

ピーマンを細切りにして炒めると不思議とモグモグ。塩昆布のだし加減が絶妙にきいていて、子どもがお気に入り
（5歳男の子のママ）

細切りピーマンとひじきにベーコンの旨みが染み込み、食べやすい！　これでピーマン嫌いを克服！
(6・8歳女の子のママ)

冷蔵 5日　冷凍 30日

ほんのり甘いマヨしょう油味

ピーマンのひじきマヨサラダ

材料

ピーマン…5個
ひじき（乾燥）…10g
（生ひじきの場合は70g）
みりん…大さじ½
ベーコン…5枚
Ⓐ マヨネーズ…大さじ3
しょう油…小さじ1
塩…少々

2

作り方

1 ピーマンは長さ2cmの細い千切りにする。ひじきは水で戻し、水気を切る

ピーマンのタネも食べれるよ

2 フライパンにごま油大さじ1をひき中火で熱し、ピーマンをしんなりするまで炒める。みりんを入れてなじませたら、ベーコン、ひじきを入れてさらに1分炒める

熱いまま調味料を混ぜると分離するので注意

3 粗熱が取れたら、Ⓐを入れて味を調える

かぼちゃ

ほっこり甘くて、子ども人気高し
すぐにタネとワタを取ると長持ち

大さじ1のはちみつでまろやかなコクが生まれる！

かぼちゃのほくほく照り焼き

材料

かぼちゃ…¼個

Ⓐ
- みりん…小さじ1
- しょう油…大さじ½
- はちみつ…大さじ1

3

冷蔵 5日　冷凍 30日

作り方

1 かぼちゃのタネとワタを取り除き、幅5㎜に切る

レンジ加熱500W2分で切りやすく

2 フライパンに油大さじ1をひき中弱火で熱し、3分ずつ両面を揚げ焼きする

3 混ぜ合わせておいたⒶを絡め、最後にひと煮立ちさせてから火を止める

タレをかぼちゃに絡めて

カリッとした食感が大好きな娘のために、できるだけ薄く切っています！ おやつ代わりにも重宝

（3・5歳の女の子のママ）

ほっくほく

大好きなカレーはお弁当に持っていけないけど、これならOK。レシピも簡単だから、朝でもサッと作れます
(5歳男の子のパパ)

ツナ缶のオイルごと入れて、味をランクアップ

かぼちゃのツナカレー煮

材料

かぼちゃ…¼個
塩…小さじ½
Ⓐ
- ツナ缶…1缶(70g)
- カレー粉…小さじ1
- オイスターソース…小さじ2
- ケチャップ…小さじ1

作り方

1. かぼちゃのタネとワタを取り除き、1.5㎝の角切りにする
2. 鍋にかぼちゃと水100㎖、塩を入れ、蓋をして中弱火で8分加熱する
3. かぼちゃが柔らかくなったら、蓋を外して水分を飛ばし、Ⓐを混ぜる

ツナ缶はオイルごと入れて

トマト

もはやフルーツ？
甘みも強く、煮ても焼いてもトロンと美味

材料２つだけの超簡単レシピ！

トマトはんぺんボール

冷蔵 5日　冷凍 30日

材料（12個分）

トマト（小）… 3個
はんぺん… 4枚（360g）

作り方

1 トマトは7mmの角切りに、はんぺんは手でつぶす

トマトがつぶれてもOK

2 トマトとはんぺんを混ぜ込んで成型する

3 フライパンに油大さじ1をひいて中火で熱し、片面２分ずつ焼く

焦げやすいので注意

僕でも作れる簡単さがうれしい。娘も「はんぺんがピンク色になるのがかわい～」って喜んでます
（4歳女の子のパパ）

トマトが大の苦手ですが、気づかずパクパク食べています！無水で作るのに野菜からこんなに水分が出るんだと驚き！
(10歳男の子のママ)

野菜の水分だけで作るから甘み凝縮

トマバナカレー

冷蔵 5日　冷凍 30日

材料 (6皿分)

トマト(大)…3個
バナナ…1本
にんじん…½本
玉ねぎ…1個
じゃがいも(大)…1個
鶏もも肉…200g
市販のカレールー…6皿分

作り方

1. にんじん、玉ねぎ、ジャガイモ、鶏肉を1cmの角切りにする
2. 鍋に塩ひとつまみを入れ、**1**を入れ、上からさらに塩ひとつまみをふる。蓋をして弱火でやわらかくなるまで蒸す
3. 野菜が柔らかくなったら、ヘタを取りお尻に十字の切り込みを入れたトマトと輪切りにしたバナナを入れる。蓋をして弱火で3分煮込む
4. トマトの皮がめくれてきたら取り除き、バナナと一緒に形がなくなるまでつぶす。沸騰したら火を止め、カレールーを入れてよく溶かす

P106のスープレシピを参考にして

熱で皮がめくれやすく！

ほうれん草

青菜苦手さんにもおすすめ
苦み抜きのひと手間で、グンと甘く

塩昆布とにんにくで旨みたっぷり！

ほうれん草の炒めナムル

材料

ほうれん草…1わ
もやし…1袋
塩昆布…5g
にんにく（すりおろし）…小さじ1
白ごま…小さじ1

3

冷蔵 5日　冷凍 30日

作り方

1 ほうれん草は根元を切り落としてから洗い、3分間水に浸す

この苦み抜き処理がとっても大事！

2 1のほうれん草を幅3cmに切る。もやしは水で洗う

3 フライパンにごま油大さじ½をひいて中火で熱し、ほうれん草ともやしを炒める。塩昆布とにんにく、白ごまを入れて混ぜる

食感を残したいから炒めすぎに注意

おつまみに最適な味なのに、なぜか子どもが大好き。一家全員で食べるので、大量に作ります
（8歳・10歳男の子のママ）

ピーナッツバター、ごま、はちみつなど、甘み成分がたっぷりだから、ほうれん草の青臭さが和らぐみたい。食卓の中で一番最初に手が伸びるメニュー
(5歳男の子のママ)

ピーナッツの甘みと香りでコーティング！

ほうれん草のピーナッツバター和え

冷蔵 5日　冷凍 30日

材料

ほうれん草…1わ
いんげん…10本
A
- ピーナッツバター…大さじ1
- しょう油…小さじ2
- はちみつ…小さじ2
- すりごま…大さじ½

作り方

1 ほうれん草は根元を切り落としてから洗い、3分間水に浸す

2 熱湯でほうれん草は30秒、いんげんは2分ゆでる。ほうれん草は水気を切り、幅2cmに切る。いんげんも幅2mmに切る。

よく水気を絞って

3 混ぜ合わせておいたAと2を和える

ほんのり洋風の甘みをプラス

牛ごぼうのケチャップきんぴら

日持ちもして、野菜もたっぷりとれるので便利。時間がないときは、どっさりごはんにかけて、卵と一緒にいただきます

（7・9歳男の子のママ）

ケチャップときんぴらの新しい出会い

ごぼう

最強のコクと旨みで
料理の味を引き立たせる名脇役

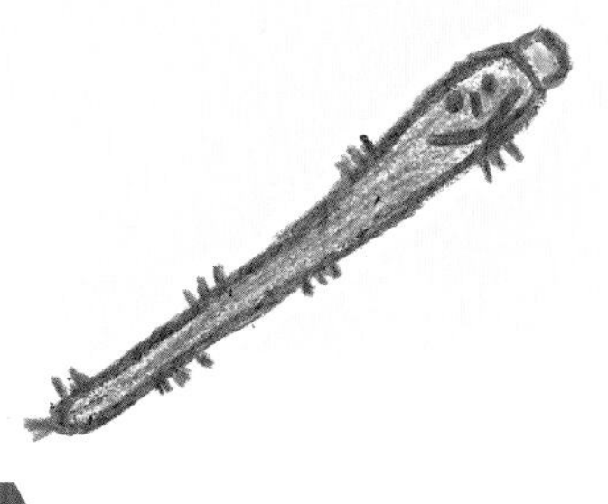
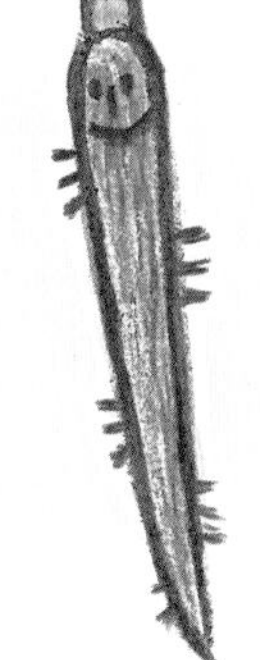

材料

ごぼう…1本
にんじん…½本
しめじ…½株
牛肉…250g

Ⓐ
しょう油…大さじ3
砂糖…大さじ2
みりん…大さじ2
ケチャップ…大さじ½

作り方

1 ごぼうはささがきに、にんじんは3cmの千切り、しめじは石づきを切り、小房にほぐす

2 フライパンにごま油大さじ1をひき中火で熱して、ごぼうを3分炒める

3 ごぼうに焼き色がついたら、にんじん、しめじ、牛肉を入れて炒める。Ⓐを入れて水分を飛ばすように炒める

肉の色が変わったら調味料を投入！

冷蔵 5日
冷凍 30日

ベジうま！

ごぼうは焦げ目がつくくらい炒めるとコクと旨みがアップします。ケチャップを隠し味に入れると、中濃ソースのような風味になり、子どもが大好きな味に！

ゆでるよりやわらかく、風味もアップ

炒めごぼうのサラダ

材料

ごぼう…1本
にんじん…⅓本
ハム…5枚
Ⓐ マヨネーズ…大さじ1
　 砂糖…小さじ½
　 塩…小さじ⅓
クルトン…少々

作り方

1 ごぼうとにんじん、ハムは長さ3cmの千切りにする

2 フライパンにマヨネーズ（大さじ2・分量外）を入れて中火で熱し、ごぼうを入れて3分炒める

ごぼうがマヨネーズを吸ってツヤッと

3 さらににんじんを入れて炒め、蓋をして5分蒸して、野菜がやわらかくなったら火を止める

焦げやすいので注意！

4 粗熱が取れたら、ハムとⒶを入れて味を調え、クルトンをのせる

熱いうちに混ぜると分離します

ごぼうはゆでるより、炒めるほうがマヨネーズも少なくてすむからヘルシー。子どもたちは食感と香ばしさがお気に入りの理由だそう
（6歳女の子・10歳男の子のママ）

クルトンがポイント

ごぼうを片栗粉でまぶすだけなので、すぐできてスナック感覚で食べられる。しょう油＆みりんの味変もおすすめ
(8歳男の子のママ)

冷蔵 3日　冷凍 30日

軽やか衣でたくさん食べられる!

パリッと香ばしい揚げごぼう

材料

ごぼう…1本
片栗粉…大さじ2

作り方

1 ごぼうは4㎝のささがきにして、片栗粉をまぶす

ポリ袋に入れて振ると絡みやすい

2 フライパンに油大さじ2をひき、1のごぼうをフライパンに広げる。片面3分ずつ、両面を焼く

焦げつかないよう、たまにフライパンをゆすって

パパでも作れる簡単さ！ 生地がほぼ豆腐だから蒸し時間が少ないのもうれしい！

（7・8歳の男の子のパパ）

ふっくら
しゅわしゅわ

卵豆腐のようにふわっふわ

スフレのような茶わん蒸し

ズッキーニ

独特のクニュっと食感
少しの塩で焼くだけで無限のループへ

材料

(ココット皿4個分)

ズッキーニ(小)
…1本(120g)
ソーセージ…4本
豆腐(絹)…300g
卵…2個
だし汁…大さじ4

作り方

1 ズッキーニは5㎜の角切り、ソーセージは幅5㎜に切り、4等分してココット皿に入れる

2 ボウルに豆腐と卵、だし汁を入れ、泡だて器でよく混ぜる。4等分して、1のココット皿に入れる

3 鍋に水をはりココット皿を入れて、蓋をして強火で蒸す。沸騰したら弱火で5分、火を止めてさらに5分蒸らす

鍋にはる水の量は
ココット皿の
半分ほど入れて

2

3

ベジうま!

ソーセージから旨み成分が溶けだし、子どもも大好きな味に。ズッキーニの食感は蒸しても健在、いいアクセントに♪

マヨネーズでコクアップ

ふわふわ卵炒め

冷蔵 3日　冷凍 ×

材料

ズッキーニ…1本
- Ⓐ 卵…3個
- Ⓐ 牛乳…大さじ1
- Ⓐ マヨネーズ…大さじ1

塩こしょう…適量

作り方

1 フライパンに油大さじ1をひき中火に熱し、1cmの輪切りにしたズッキーニを並べる。塩をふり、片面2分ずつ焼く。

触らず、焦げ目をつけるのがコツ!

2 1の空いたスペースにⒶを入れて混ぜ合わせる。木ベラで大きくかき混ぜ、半熟の状態で火を消して1分そのままにする

ズッキーニは端に寄せて

3 ズッキーニと2の卵を合わせて、塩こしょうで味を調える

チーズとパン粉で香ばしく！

サクサク衣のズッキーニ

材料

ズッキーニ…1本
パン粉…大さじ3
粉チーズ…小さじ1

作り方

1 フライパンに油大さじ1をひき中火で熱し、1cmに輪切りしたズッキーニを焼く。片面2分ずつ、焦げ目がついたら取り出す

重ならないように並べて

2 フライパンに油大さじ½をひき中火で熱し、パン粉と粉チーズを3分ほど炒り、1のズッキーニと絡ませる

パン粉がきつね色になればOK

さつまいも

ねっとり、ほっくりとした
甘みに思わず笑顔に！

デザートみたい！

焼きりんごとさつまいものサラダ

材料

さつまいも…1本
りんご…1個
シナモン…適量

作り方

1 さつまいもは1㎝のいちょう切りに、りんごは皮をむいて1.5㎝角に切る

さつまいもは皮ごと！

2 鍋にりんご、さつまいもの順に重ねて入れ、蓋をして弱火で10分蒸す。さつまいもがやわらかくなったら中火にして、木ベラで混ぜながら水分を飛ばす

焦がさないように注意

3 火を消してから、全体を木ベラで混ぜて、シナモンをふる

冷蔵 3日　冷凍 30日

りんごの水分だけでさつまいもを蒸すので、水っぽくない！ 補食に、離乳食にと大助かり
（1・5歳の女の子のママ）

チップスと焼きいもの
いいとこどり！ 家族
みんなで争奪戦！
（6歳男の子のママ）

カリカリッ

小さめ角切りだから、香ばしい！

カリカリ面積倍増大学いも

冷蔵 3日　冷凍 30日

材料

さつまいも（大）…1本
はちみつ…大さじ3
しょう油…小さじ1

作り方

1 さつまいもは7㎜角に切る

2 フライパンに油を底から1㎝ほど入れ、中温でさつまいもを揚げ焼きする

表面がこんがりしたらOK

3 はちみつ、しょう油、水大さじ2を煮詰めてタレを作り、さつまいもと絡める

タレにとろみが出たら、いもを投入

れんこんたっぷり
ミートボール

アレルギーがあるのですが、卵＆パン粉不使用なので助かっています。冷めてもふっくら！

（3歳・5歳の男の子のママ）

あつあつ

れんこん

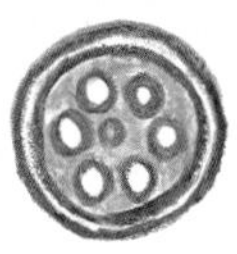

ホクホク、シャキシャキ、パリッ!
調理法でいろいろな食感が味わえる

材料（15個分）

れんこん…½節（150g）
豚ひき肉…150g
塩…ひとつまみ
玉ねぎ…½個
Ⓐ
- ケチャップ…大さじ2
- お好み焼きソース…大さじ1

冷蔵 5日
冷凍 30日

作り方

1. れんこんを皮付きのまま、みじん切りにする。ポリ袋に豚ひき肉とれんこん、塩を入れて揉む

白っぽく、粘り気が出るまで

2. ポリ袋の角をはさみで1.5cmほど切り、絞りだすようにして、油小さじ1をひいたフライパンに並べる
3. 蓋をして中火で熱し、5分蒸し焼きにする
4. みじん切りにした玉ねぎとⒶを加えて3分炒め、タレにとろみがついたら火を止める

焦げやすいのでフライパンを時々ゆすって

1

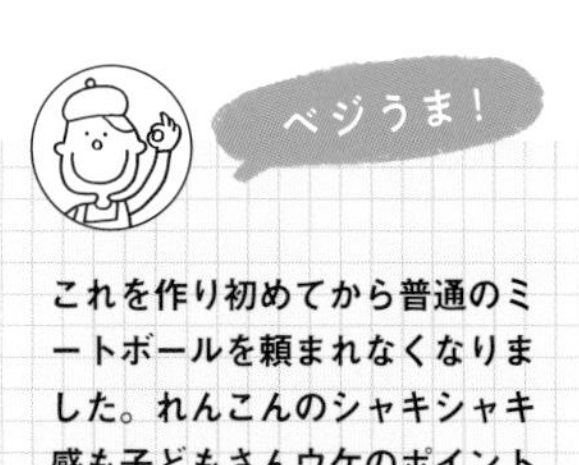

これを作り初めてから普通のミートボールを頼まれなくなりました。れんこんのシャキシャキ感も子どもさんウケのポイント

4

見た目は地味だけど、おかわり必至!

れんこんのかば焼き

冷蔵 5日
冷凍 30日

材料

れんこん(小)…1節(200g)
のり(全形)…2枚
片栗粉…適量

Ⓐ
- みりん…大さじ1
- しょう油…大さじ1
- はちみつ…大さじ½

作り方

1 れんこんは4mmの輪切りに、のりは4cm角にちぎる

のりはれんこんからはみ出るくらいに

2 水でさっと濡らしたれんこんの片面にのりを張りつけて、片栗粉をまぶす

余分な粉は手ではらって

3 鍋に底から5mmほど油を入れて中温に熱し、片面2分ずつ揚げ焼きをして、ペーパーに取り出し余分な油を切る

きつね色が目安♪

4 Ⓐを煮詰め、3のれんこんを戻して絡める

タレがぶくぶく泡立ったら、れんこんを戻して

ベジうま!

最後タレに絡めるとき、れんこんを戻したタイミングで火を消して。余熱で絡めるようにすると、タレが煮詰まることがありません!

ホクホクしたれんこんと香ばしいのりの組み合わせがたまりません。味つけなしで揚げただけでも十分においしい!
(5歳男の子のママ)

香ばしい
青のり味

次々と手が伸びてあっという間になくなります！ コンソメをふりかけても◎
(6・8・9歳男の子のママ)

おつまみにも合うから、パパと子どもが取り合い♪

れんこんチップス

材料

れんこん…1節(300g)
片栗粉…大さじ2
青のり…小さじ⅓
塩…適量

作り方

1 れんこんは2㎜の輪切りにして、片栗粉を薄くはたく

2 鍋に底から1㎝ほど油を入れて中温に熱し、片面1分揚げ焼きをする。熱いうちに青のりと塩をふる

両面カリッと
きつね色が目安

とうもろこし

子ども大好き！ 鮮度命だから
買ったら即調理がおすすめ

シャキ！ ホクッ！ とろ〜り！ 大好き食感の宝庫

ステックコーン

冷蔵 5日　冷凍 30日

材料（10本分）

とうもろこし（粒）…½本分、
またはコーン（缶）…100g
枝豆（ゆでたもの）…50g
プロセスチーズ…36g
春巻きの皮…10枚

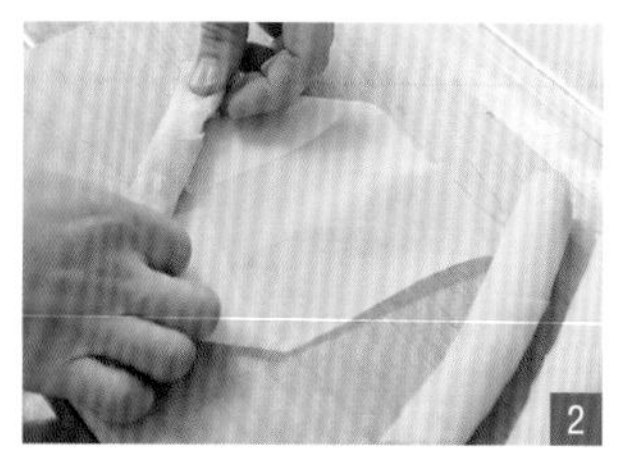

作り方

1 プロセスチーズは5㎜の角切りにする

2 とうもろこし、枝豆、チーズを春巻きの皮にのせて巻く

プレゼント巻きの要領で！

3 フライパンに油を入れて中火で熱し、揚げ焼きする

油は底から5㎜程度に

餃子と違って手も汚れにくいので、子どもと一緒に巻くのも楽しんでいます！ 揚げたてが最高！
（6歳女の子のママ）

調味料なしなのに、旨みたっぷり！ 冷凍できるから子どもの急なお腹減ったコールにも便利
（12歳・15歳男の子のママ）

ワンボウルで混ぜて焼くだけの簡単レシピ！

コーンのクリスピー焼き

冷蔵 5日　冷凍 30日

材料（直径20㎝）

とうもろこし（粒）…1本分、
　または、コーン（缶）…200g
ツナ缶…1缶（70g）
塩昆布…5g
かつお節…1.5g
卵…1個
小麦粉…大さじ6

作り方

1 材料すべてと水大さじ1を混ぜ合わせる

小麦粉がダマにならないよう注意！

2 フライパンに油大さじ1をひき弱火で熱し、片面5分ずつ、両面を焼く

ひっくり返すのは1回でOK

ハンバーグを焼いているフライパンで同時にソースも作れるので時短！　お肉の半分野菜なのに肉しか食べないお兄ちゃんも気づかない！
（4歳・12歳男の子のママ）

大根がお肉の半分！

ツマバーグのトマトソース煮込み

大根

どんな味つけもしっかりなじみ
食感も変わるからメニューいろいろ

材料（10個分）

大根のツマ…200g
合いびき肉…250g
塩…ひとつまみ
トマト…2個
塩こしょう…適量

冷蔵 5日　冷凍 30日

作り方

1 大根のツマをみじん切りにして、合いびき肉と塩と一緒に袋に入れて揉む。トマトはヘタをくり抜いて、お尻に十字の切り込みを入れる

白く粘り気が出るまで揉みこむ♪

2 ハンバーグの肉ダネを10等分して、丸く成型する。フライパンに油大さじ1をひき中弱火でハンバーグとトマトを焼く

1個直径3㎝が目安

3 トマトの皮がはがれてきたら皮をむき、木べラでつぶす。トマトの汁気を煮詰めて、塩こしょうで味を調えて、ハンバーグに絡める

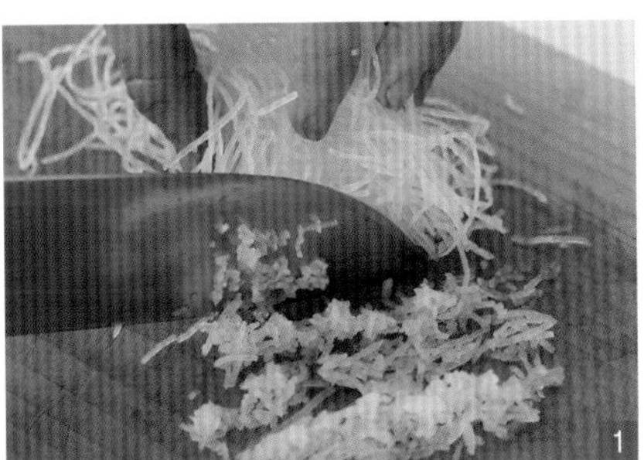
1

2

ベジうま！

ツマは大根をピーラー切り、重ねて薄切りしても簡単に作れます。大根の保水力で、冷めてもふっくら、おいしく！

冷蔵 5日
冷凍 30日

外はカリッ、中はふっくら！

大根パイ

3

材料（10個分）

大根…100g
チャーシュー…2枚
ワンタンの皮…20枚
片栗粉…小さじ½

作り方

1 大根は長さ3cmの千切りにする。塩揉みをして水気をよく絞ってから、片栗粉をまぶす。チャーシューはみじん切りにする

2 ワンタンの皮に10等分した大根とチャーシューをのせ、もう一枚上から重ねて貼り付ける

4辺に指で水をつけてのり代わり

3 鍋に底から1cmほど油を入れて中温に熱し、片面30秒ずつ揚げ焼きをする

ぷっくりと生地が膨らむ

ベジうま！

中はジューシー、外はカリッと仕上がり食が進みます。大根の千切りが面倒な場合は、水気が出ないよう片栗粉をまぶせばツマでも作れます

大根を揚げると独特の辛みも抜け、ホクホク食感！チャーシューの旨みで調味料がなくても、大人もOK
（9歳女の子のママ）

揚げると香ばしくてほっくり柔らかく！ 煮て作ったぶり大根よりも、お皿空っぽ率がアップ！ 調理時間も短くなって一石二鳥
(6歳女の子のママ)

揚げ焼きするからジューシーに

〝焼き〟ぶり大根

冷蔵 3日　冷凍 30日

材料

大根…200g
ぶり…3切
片栗粉…大さじ3
みりん…大さじ2
しょう油…大さじ1

3

作り方

1. 大根は幅5㎜のいちょう切りにする。ぶりは2cm角に切り、塩（小さじ½・分量外）をふって5分置き、水気を拭く。ぶりと大根に片栗粉をまぶす

大根は皮つきのまま！

2. フライパンに油大さじ1をひき中弱火で熱し、ぶりと大根を揚げ焼きする

3. 大根がやわらかくなったら、みりんとしょう油を入れて煮詰める

調味料は鍋肌から入れて

きのこの旨みが何よりの調味料！

マッシュルーム アヒージョ

アツアツを家族みんなで頬張るのが楽しいアヒージョ。オイルが残ったら、次の日パスタと絡めていただいています

(6・7・9歳女の子のママ)

きのこ

**旨み成分の宝庫だから、だしいらず！
見た目が苦手なら茎部分のみ使って**

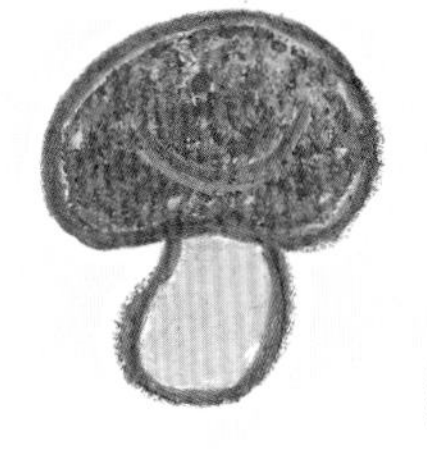
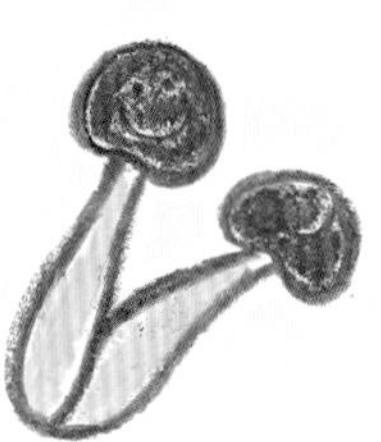

材料（2～3人分）

マッシュルーム…10個

Ⓐ
- 厚切りベーコン…1枚
- にんにく…2かけ
- 塩…ひとつまみ

冷蔵 5日　冷凍 30日

作り方

1. マッシュルームはやわらかい布でやさしく拭く。にんにくは皮をむいて包丁の背でつぶす。ベーコンは1㎝の短冊切りにする
2. 鍋にオリーブオイル100㎖とⒶを入れ、弱火で10分加熱する
   ベーコンは点火の前に投入！
3. 最後に、マッシュルームを入れて2分加熱したら、火を止める
   弱火厳守！小さな泡がフツフツ程度

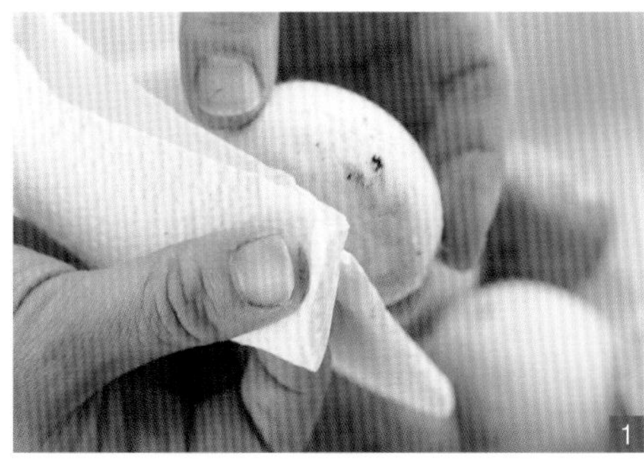
1

3

ベジうま！

マッシュルームは縮みやすいので最後に入れると、ホクッとした食感が味わえます！ベーコンは厚切りを使うと旨みがアップします

水分飛ばし焼きで旨み爆発!

きのこの バターしょう油炒め

材料

しめじ…1パック
えのき…1パック
まいたけ…2パック
Ⓐ バター…10g
Ⓐ にんにく(すりおろし)…小さじ1
Ⓐ しょう油…大さじ½

作り方

1 しめじ、えのき、まいたけは石づきを切って、小房に分ける

2 フライパンに油大さじ1をひき中火で熱し、1のきのこを入れて2分そのままにする。上下を返して、再度2分そのままにして焼き色をつける

ひっくり返す以外は一切触らない

3 大きくかき混ぜてきのこの水分が飛んだら、Ⓐを入れて絡める

手早く絡めてすぐに取り出して

今まできのこを一切口にしなかった子が、これならパクパクと食べます。ごはんさん流の触らない焼き方が、おいしさの秘密みたい
(4歳女の子のママ)

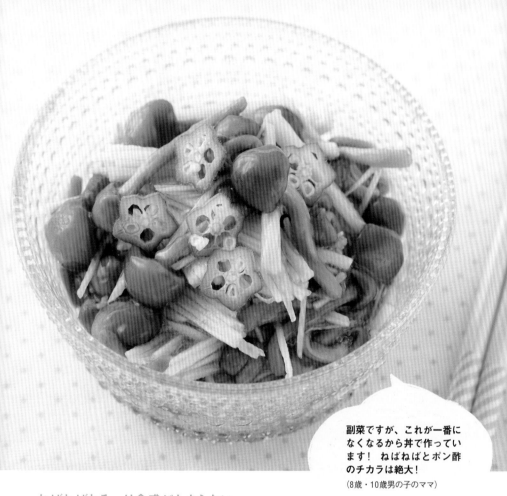

副菜ですが、これが一番になくなるから丼で作っています！　ねばねばとポン酢のチカラは絶大！
(8歳・10歳男の子のママ)

ねばねばとろ〜り食感がたまらない

なめこと長いものねばねば和え

材料

なめこ…1袋
長いも…1本（250g）
麺つゆ（2倍希釈）
…大さじ1
ポン酢…大さじ1

作り方

1. 沸騰したお湯でなめこを30秒ゆでて、ザルにあける
2. 長いもは酢水に5分浸し、長さ2cmの千切りにする
3. **1**と**2**を麺つゆとポン酢で和える

長いもの水気を拭き取るとかゆくなりにくい

PART 2

4つのメニューに変身！

おかわり
ベジディップ

3つの優秀ベジディップをご紹介♪
安売りしているときにまとめ買いして作り置きしておけば、
少しの手間で簡単に4つのメニューに変身します！
肉やパスタと絡めて、牛乳と溶いてスープに……と
その日の夕食を考える手間が省けます。

「きのこの見た目や色を
変えたらパクパク♪」
の巻

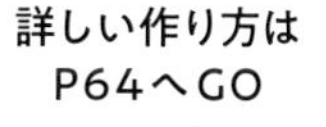
詳しい作り方は
P64へGO

おかわり
ベジディップ
1

我が家のホワイトソースと言えばコレ！というくらい、いつも鍋いっぱいリクエスト！ スープに、パスタにとストックしておくと便利
(6・8歳男の子のママ)

茎部分で作るから、きのこ苦手さんも気づかない

真っ白エリンギディップ

冷蔵 2日
冷凍 14日

材料 (できあがり300g)

エリンギ…2パック
塩…小さじ½
にんにく(すりおろし)…小さじ1
牛乳…200mℓ

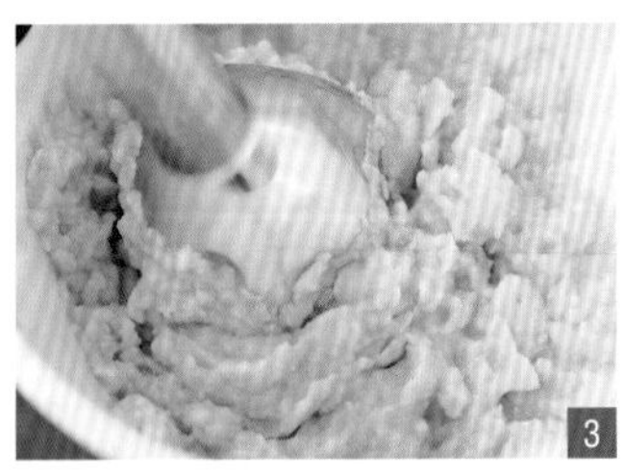
3

作り方

1 エリンギは、頭の茶色の部分をカットして、下の白い部分を幅2cmに切る

2 鍋にエリンギと水40mℓ、塩を入れて蓋をして、弱火で10分煮る

3 エリンギがしんなりしたら粗熱を取りハンディブレンダーで攪拌する。塩とにんにく、牛乳を加えて混ぜる

頭の部分はP60のきのこソテーで使って

ベジうま！

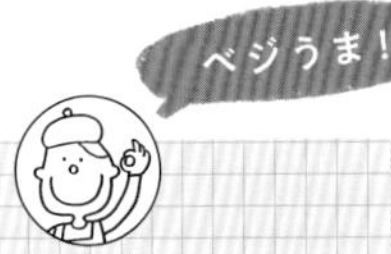

頭の部分を取り除いて作れば、真っ白ディップができあがり！ きのこ苦手さんのために開発したメニューです。

真っ白エリンギディップがあれば
簡単に4つのメニューに変身！

真っ白エリンギディップで作る4つの簡単メニュー

パンと一緒に食べれば朝食にも！

コーンチャウダーに変身！

材料

エリンギディップ… 300g
ベーコン… 5枚
コーン（缶）… 150g
牛乳… 800mℓ
塩…小さじ½〜1

作り方

1 ベーコンは幅1cmに切る

2 鍋にベーコンとコーン、エリンギディップと牛乳を入れて弱火で沸騰直前まで温める。最後に、塩で味を調える

時間がかかりがちなドリアもすぐに！

エビドリアに変身！

材料

エリンギディップ… 100g
温かいご飯
…お茶碗3杯分（450g）
ボイルエビ… 8尾
ピザ用チーズ…適量

作り方

1 耐熱皿にごはんとエリンギディップをそれぞれ4等分してのせる。幅1cmに切ったエビとチーズをその上にのせる

2 オーブントースター1000wで7分焼く

材料を炒めてソースと絡めるだけ!

豚肉のクリーム煮に変身!

材料

エリンギディップ…150g
豚薄切り肉…300g
玉ねぎ…1個

作り方

1. 豚肉に塩(ひとつまみ・分量外)をふる。玉ねぎは半分に切り、幅1cmの薄切りにする
2. フライパンに油をひき中火で熱し、玉ねぎを3分炒めてから、豚肉を入れる
3. 肉の色が変わったら、エリンギディップを入れて1分煮込む

旨みたっぷり!

たらこクリーミースパに変身!

材料

エリンギディップ…200g
スパゲッティ…300g
たらこ…2腹(120g)
バター…20g

作り方

1. たらこはスプーンなどで身を取り出してほぐす
2. スパゲッティを半分に折って表示時間より1分短くゆで、熱いうちに1のたらことバターを和える
3. エリンギディップを加えて、塩(分量外)で味を調える

おかわり
ベジディップ
2

ブロッコリーの旨みがオイルに溶け込んだソース。食パンにのっけたり、グリルのソース代わりにしたりと家族みんな大好きだから2、3日ですぐになくなります
（10歳女の子のママ）

米油でコンフィのようにコトコト煮込む！

ブロッコリーソース

材料（できあがり300g）

ブロッコリー…1株
にんにく（すりおろし）…小さじ2
塩…小さじ1
米油…大さじ3

作り方

1 ブロッコリーは水洗いをして、穂先の緑部分をそぎ落とすように切り、枝はみじん切りにする。茎は厚めに皮をむき、中心部分をみじん切りにする

2 鍋に米油大さじ3とブロッコリーを入れて、蓋をして弱火で5分加熱する。木ベラでかき混ぜながらにんにくと塩を加える

ブロッコリーの茎部分は、甘みの宝庫！ 厚く皮をむいて、中心の白い部分は捨てずに使ってくださいね。米油のかわりにオリーブオイルを使うと、大人味に！

ブロッコリーソースがあれば
簡単に4つのメニューに変身！

サーモンの
カルパッチョ

ブロッコリー
ジェノベーゼ
ペンネ

チョップド
サラダ

たっぷり卵
サンドイッチ

ブロッコリーソースで作る4つの簡単メニュー

じゃがいもとペンネを一緒にゆでて時短に!

ブロッコリージェノベーゼペンネに変身!

材料

ブロッコリーソース…200g
ペンネ…210g
じゃがいも…1個(150g)
バター…10g

作り方

1 じゃがいもを1cm角に切る

2 鍋に水とじゃがいもを入れて中火で熱し、沸騰したらペンネを入れて弱火で7分ゆでる

3 フライパンにブロッコリーソースとバターを入れて弱火で温める。ペンネとじゃがいもを絡める

大きさを揃えて食べやすく!

チョップドサラダに変身!

材料

ブロッコリーソース…80g
ミニトマト…5個
きゅうり…1本
アボカド…1個
モッツァレラチーズ
（ひと口サイズ）…100g
粉チーズ…大さじ½

作り方

1 きゅうりとアボカドを7mm角に切る。ミニトマトは串切りにする

2 お皿に野菜を盛る。粉チーズと混ぜたブロッコリーソースをかける

マヨとクリームチーズでバターいらず!

たっぷり卵サンドイッチに変身!

材料

ブロッコリーソース…80g
サンドイッチ用食パン(10枚切り)
…10枚
卵…3個
クリームチーズ…54g
マヨネーズ…大さじ4

フォークで卵を
つぶすとふわふわに!

作り方

1 ゆで卵を3個作り、殻をむく

2 ボウルにクリームチーズを入れて木ベラでなめらかにする。ゆで卵を入れてフォークで粗くつぶし、ブロッコリーソースとマヨネーズを入れて混ぜる

3 2のペーストを5等分して、パンにはさむ

お刺身の日でも野菜がたっぷり食べられる!

サーモンのカルパッチョに変身!

材料

ブロッコリーソース…100g
サーモン(刺身)…300g
ミニトマト(赤・黄)…各8個
オリーブオイル…大さじ1

作り方

1 サーモンは薄切りにする。ミニトマトは串切りにする

2 ブロッコリーソース、サーモン、トマトとオリーブオイルを混ぜ合わせる

おかわり
ベジディップ
3

生野菜を食べてくれない子ども。粉チーズを多めにソースに入れて、パンや肉につけて、サラダ代わりに食べさせています
（5歳の双子のママ）

甘みのある米油と粉チーズでまろやか！

にんじんソース

冷蔵 5日　冷凍 30日

材料（できあがり150g）

にんじん…1本

A
- 米油…大さじ3
- 粉チーズ…大さじ1
- にんにく（すりおろし）…小さじ2
- 塩…小さじ½

作り方

1 にんじんは水洗いして、皮ごとすりおろす

2 軽く水気を絞ったらAを加えて、混ぜ合わせる

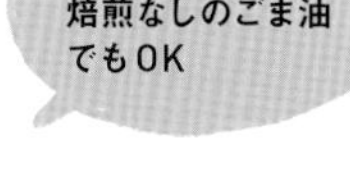

米油の代わりに、
焙煎なしのごま油
でもOK

ベジうま！

皮ごとすりおろすと、コクのある深い味わいが生まれます。甘みのある米油を使うことで、お子さんが食べやすい味になりますよ。

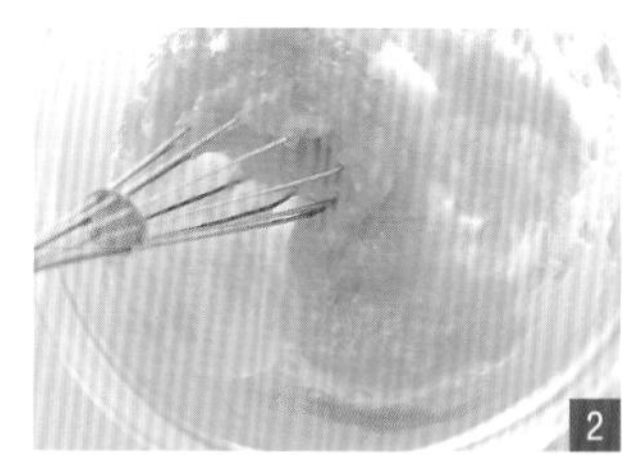

にんじんソースがあれば
簡単に4つのメニューに変身!

にんじんソース で作る4つの簡単メニュー

にんじんが苦手なお子さんもトライしやすい!

やさしい甘さのナポリタンに変身!

材料

にんじんソース…150g
スパゲッティ…300g
ベーコン…5枚
ケチャップ…大さじ4

作り方

1 ベーコンを1cm幅に切る。パスタを半分に折って、規定時間より1分短くゆでる

2 鍋にオリーブ油大さじ1をひいて中火で熱し、ベーコンを5分炒める。にんじんソースとケチャップを入れてさらに2分炒め、パスタと和える

カリッとラスク感覚で!

にんじんトーストに変身!

カリカリ

材料

にんじんソース…50g
サンドイッチ用パン（10枚切り）…4枚

作り方

1 サンドイッチ用パンを4cm角に切る

2 にんじんソースをパンに塗る。フライパンに並べて中火にかけ、片面1分ずつ両面カリッと焼く

和えるだけで、いつものソテーがランクアップ!

チキンソテーのにんじんジャーに変身!

材料

にんじんソース…100g
鶏もも肉…1枚(300g)
しょう油…小さじ1
しょうが(すりおろし)…小さじ1

作り方

1 鶏肉に塩(小さじ⅓・分量外)をふり、5分おく

2 フライパンに鶏肉を皮目から入れ、中火で8分焼く。ひっくり返して弱火で5分焼く

3 にんじんソースとしょう油としょうがを入れて中火にかけて30秒煮詰め、**2**の上にかける

深みのある大満足の味!

にんじん風味のシーフードリゾットに変身!

材料

にんじんソース…150g
冷めたご飯…お茶碗3杯分(450g)
シーフードミックス…250g
ピザ用チーズ…80g

作り方

1 シーフードミックスを解凍する

濃度3%の塩水に
20分浸け
おいしく解凍!

2 鍋ににんじんソース、水300㎖、冷ご飯、シーフードミックスを入れて、中火で3分煮る

3 煮立ったら弱火にして、ピザ用チーズを入れて塩で味を調える

PART 3

ヘルシーなのにボリューム満点！

野菜が主役の肉おかず

「何も言わなくても肉ならパクパク
食べてくれるのに……」というお子さんへ。
肉おかずを食べているつもりで、いつの間にか
野菜がたくさん食べられるレシピをご紹介！
夕食のメインにもなるボリューム満点の
メニューばかりです！

「皮なし"なす"で新食感！
トン de とろ～りなす」
の巻

詳しい作り方は
P81へGO

キャベツが安売りになっていると必ずといっていいほどこのメニューを作ります。タレの甘辛加減が最高！　10回以上リピートしています
（10・12歳男の子のママ）

キャベツのシャキシャキ食感がたまらない!

薄切り牛肉のガリバタソテー

材料

牛薄切り肉…400g
キャベツ(小)…½玉
コーン(缶)…100g

Ⓐ
- バター…10g
- しょう油…大1
- 砂糖…大1
- 中濃ソース…大2
- にんにく(すりおろし)…大さじ1

作り方

1 牛肉に塩こしょう(ひとつまみ・分量外)をふる。キャベツは手でひと口大にちぎる

ちぎると断面がぼこぼこになり、味がしみ込みやすく!

2 フライパンに油大さじ1をひき中火で熱し、牛肉を色が変わるまで炒める

3 キャベツを入れて2分ほど炒め、コーンとⒶを加えて1分炒める

最後まで中火のまま、手早く炒めるとキャベツがシャキッ!

ベジうま!

鉄板のガーリックバターしょう油味に、中濃ソースと砂糖、コーンで子どもが食べやすい甘みを加えています。キャベツを手でちぎるのがポイント。

1

なすの皮をむいて焼くだけでこんなにとろんとなるなんて！とろみのある甘いソースも子どもが大好きな味が凝縮！

（6・8歳男の子のママ）

皮をむいて蒸し焼きするから、とろける！

トン de とろ～りなす

材料

豚薄切り肉（生姜焼き用）
…16枚（450g）
なす…4本
小麦粉…大さじ2

Ⓐ
- 中濃ソース…大さじ1
- ケチャップ…大さじ2
- にんにく（すりおろし）…小さじ1
- はちみつ…小さじ1

作り方

1 なすはヘタ部分を鉛筆むき（P93参照）する。ピーラーで皮をむいてから、たて半分に切る

2 なすを耐熱皿に並べて塩（小さじ⅓・分量外）をふり、ふんわりラップをかけて、電子レンジ500Wで1分加熱する

3 豚肉は両面塩こしょう（小さじ⅓・分量外）をして、なすに下から上まで斜めに巻き付け、小麦粉をはたく

小麦粉は薄くつける

4 フライパンに油大さじ1をひき中火で熱し、巻き終わりを下にして2分焼く。ひっくり返したら弱火にして、蓋をしてさらに2分焼く

蒸し焼きするとやわらかく

5 Ⓐを加えてひと煮立ちさせる

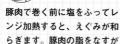

ベジうま！

豚肉で巻く前に塩をふってレンジ加熱すると、えぐみが和らぎます。豚肉の脂をなすがギュッと吸い込むから、なすがお肉のよう！

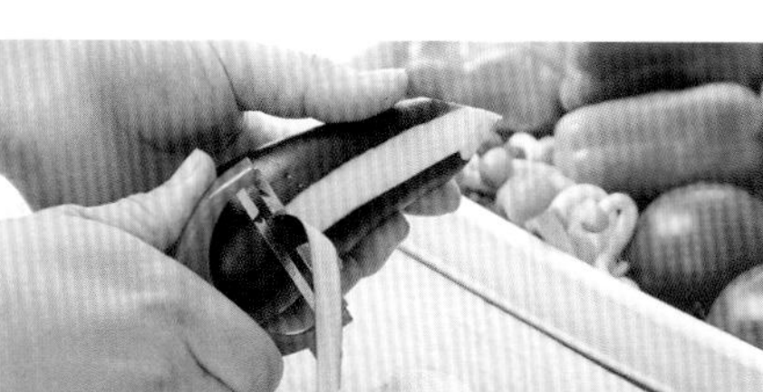
1

5

細かい野菜をタレと絡めて、いつの間にかパクリ！

ベジコロステーキ

冷蔵 3日　冷凍 14日

材料

合いびき肉…500g
パプリカ（赤・黄色）…各¼個
玉ねぎ…½個
いんげん…5本

Ⓐ
片栗粉…大さじ2
塩こしょう…適量

Ⓑ
ケチャップ…大さじ2
にんにく（すりおろし）…大さじ½
しょう油…大さじ½

作り方

1 玉ねぎとパプリカは幅5㎜角に切り、いんげんは幅3㎜の小口切りにする

2 合いびき肉と玉ねぎ、Ⓐをポリ袋に入れて揉みこむ

粘り気が出ない程度にさっくりと揉む

3 ポリ袋ごと2㎝ほどの厚さで四角く成型してから、ポリ袋から取り出し、2㎝角に包丁で切る

冷蔵庫で冷やすと切りやすい

4 フライパンに油をひき中火で熱し、肉ダネを並べて2分焼く。ひっくり返したら、パプリカといんげんを入れて、蓋をして3分蒸す。Ⓑを入れて絡め、ひと煮立ちさせる

焦げやすいので注意！

ポリ袋で成形して、切るだけなので、洗いモノも少なく時短に。ひと口サイズなので小さな子どもも食べやすい！
（5歳男の子・2歳女の子のママ）

ごぼうのカリッと食感とジューシーな鶏肉の組み合わせがたまらない、息子の大好物メニューです。スーパーで、ごぼうをかごに入れてくるように！
(7歳男の子のママ)

大人気給食メニューをアレンジ♪

チキンチキンごぼう

冷蔵 5日　冷凍 30日

材料

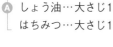

鶏もも肉…300g
ごぼう…1本
片栗粉…大さじ3
A みりん…大さじ2
A しょう油…大さじ1
A はちみつ…大さじ1

4

作り方

1 鶏肉はひと口大に切り、塩（小さじ1/3・分量外）をふる。ごぼうは2cmの細い乱切りにする

小さなお子さん用はささがきに！

2 ポリ袋に鶏肉とごぼう、片栗粉を入れて、全体に片栗粉をまぶすようにふる

片栗粉が均等に、薄くつきます

3 フライパンに油大さじ2をひき中弱火で熱し、鶏肉とごぼうを入れる。鶏肉は片面3分ずつ揚げ焼きに、ごぼうは転がしながら焼く

鶏肉は皮目から焼き、なるべく触らない

4 余分な脂をペーパーで取り、Aを回し入れて絡ませる

調味料は鍋肌から

えのきパワーでふっくら
えのきをみじん切りにして、形がわからないからなのか、きのこ嫌いのお姉ちゃんも大好き！つくね自体に調味料も卵も使わないので簡単！
（5歳・7歳女の子のママ）

ふっくらふわふわ食感が子どもに大人気！

えのきたっぷりつくね

冷蔵 5日　冷凍 30日

材料（12個分）

鶏ひき肉…400g
えのき…1袋
にんじん…1/3本
絹さや…4本

Ⓐ
豆腐（絹）…150g
片栗粉…大さじ2
塩…小さじ1/2

Ⓑ
麺つゆ…大さじ3
みりん…大さじ2
水…100mℓ
片栗粉…小さじ1

作り方

1 みじん切りにしたえのきと鶏ひき肉、Ⓐをポリ袋に入れて揉み込む。12等分して丸く成形する

白っぽく粘りが出るまで揉み込んで

2 にんじんは千切り、絹さやはヘタと筋をとり千切りにする

こんがり焼き目をつけて

3 フライパンに油大さじ1をひき中火で熱し、2の肉ダネを並べて片面3分ずつ焼く。Ⓑと2の野菜を入れてつくねと絡めながら2分煮る

1

ベジうま！

保水性のあるえのきと絹豆腐をたっぷりと使うことで、お肉がふっくらやわらかに！冷めても固くなりません

3

ホットケーキミックスを衣に♪

ピーマン衣の鶏むねピカタ

冷蔵
3日

冷凍
14日

材料

ピーマン…3個
鶏むね肉…200g
ホットケーキミックス
…大さじ5

作り方

1 ピーマンは長さ1cmの千切りにする。塩揉みをして、水気を絞る

塩揉みで
苦みを出す！

2 鶏むね肉はそぎ切りにして塩（小さじ$\frac{1}{3}$・分量外）をふる

3 ホットケーキミックスと水大さじ3、ピーマンを合わせて衣を作り、鶏肉と絡ませる

ホケミ：水＝5：3
が黄金比！

4 フライパンに油大さじ1をひき中弱火で熱し、**3**を並べて片面3分ずつ焼く

強火だと鶏肉が
固くなるので注意！

ピーマンを塩揉みすると、ウソのように苦みが抜けてびっくり！ ホットケーキミックス効果で、なんとか子どもが食べてくれるように！
（6歳男の子のママ）

大好きな春雨と一緒にちゅるちゅると口に入りやすいからか、にんじんも食べてくれます。切り方をピーラー切りにしただけなのに！
(6歳女の子のママ)

ピーラー切りなら野菜が箸でつかみやすい

ひらひらマーボー春雨

冷蔵 5日　冷凍 30日

材料

豚バラ肉（こま切れ）… 300g
ズッキーニ… ½本
にんじん… ½本
緑豆春雨… 50g
Ⓐ しょう油…大さじ1
砂糖…大さじ1
オイスターソース…大さじ2

ベジうま！

春雨を水で戻すのではなく、野菜と豚肉の煮汁を吸わせながら戻すと水っぽくならずに仕上がります。タレをたっぷり作ってご飯にかけるのもおすすめです！

作り方

1 ズッキーニとにんじんをピーラーで薄切りにする。豚肉に塩こしょう（ひとつまみ・分量外）をふる

塩こしょうでくさみ抜き！

2 フライパンにごま油大さじ1をひき中火で熱し、豚肉を炒める。豚肉の色が変わったら野菜とⒶ、水150㎖を入れて軽くなじませる

調味料は先に混ぜ合わせておく

3 春雨を乾麺のまま入れて、蓋をして弱火で5分煮込む

煮汁に春雨が浸るように入れて

4 蓋を外して中火にして、水分を飛ばす

普段野菜を食べてくれないけど、これなら残さず食べてくれます。育ち盛りの息子たちにいつもキロ単位で作り置き！

（10歳・12歳の男の子）

野菜のうま味を
たまごが包みこむよ

蒸し煮で野菜の甘さをたっぷりと!

野菜いっぱいプルコギ

材料

牛薄切り肉…400g
玉ねぎ…½個
にんじん…⅓本
パプリカ(赤・黄)
…各¼個
しいたけ…4個
小松菜…2株
卵…3個

Ⓐ
しょう油…大さじ2
はちみつ…大さじ2
オイスターソース
…大さじ½
にんにく(すりおろし)
…大さじ½

作り方

1 牛肉とⒶを混ぜ合わせる

10分おいてなじませる

2 にんじんは千切り、パプリカと玉ねぎは半分の長さに切り、幅3㎜の薄切りにする。しいたけは幅3㎜に、小松菜は長さ2㎝に切る

3 フライパンに小松菜以外の野菜を入れてごま油大さじ1と絡め、蓋をして弱火で5分蒸し煮をする

ごま油で野菜をコーティング

4 牛肉と小松菜を加えて中火にして炒める。肉の色が変わったら溶き卵を鍋肌から回し入れ、2分煮る

最後に小松菜を入れると食感そのまま

2

ベジうま!

小松菜以外の野菜をごま油とコーティングしてから煮ることで旨みがアップ、焦げつぎも防ぎます。小松菜の食感が苦手なお子さんは煮る時間を多くして。

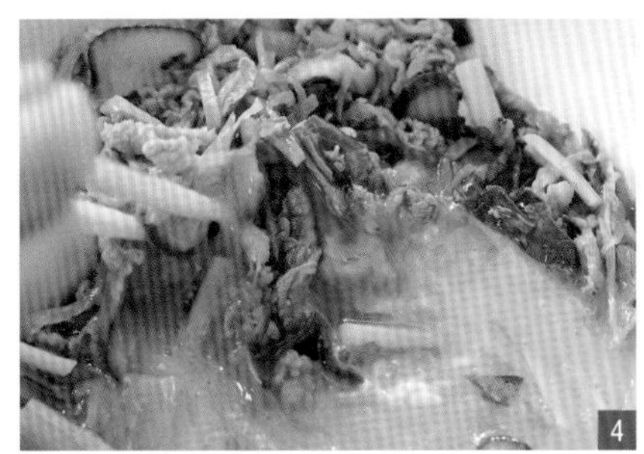
4

知っておくと野菜がおいしくなる！
ベジ知識あれこれ

全国の農家さん巡りが
趣味のごはんさんだから
知っている！

トマト

実は夏より、
春や初秋が旨みがある

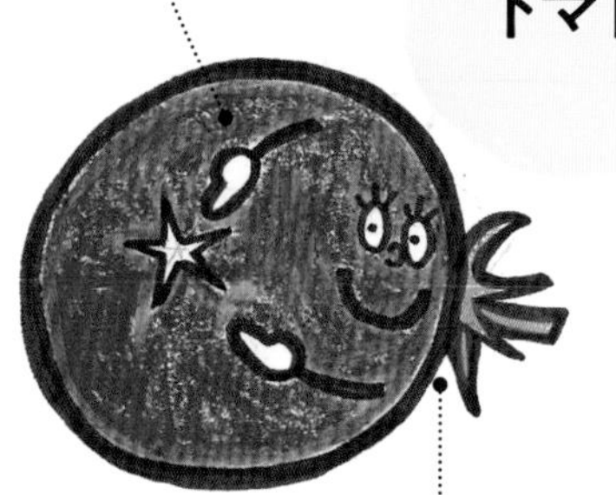

ヘタの周りに
白い斑点がないものが甘い

甘い印・星マーク！

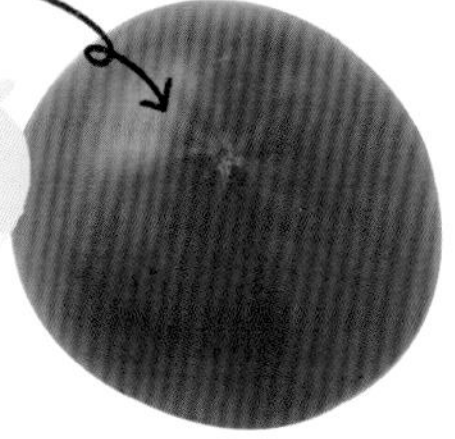

お尻の中心の星で
甘さアピール！

時短湯むきの方法

包丁で十字に
切り込みを入れて、
お湯にドボン！
皮がむきやすくなります

きのこ

極度の水嫌い。
水洗いすると
食感が落ちたり
風味が逃げるかも

ひだを下にして保存すると
胞子(子ども)がばらまかれ
傷むスピードが加速

冷凍すると
栄養価がアップするから
加熱する前に
冷凍するのがおすすめ

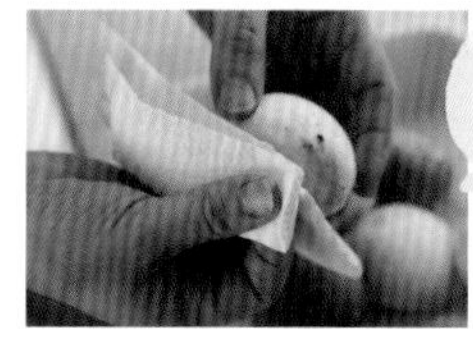

水はNG。
やさしく拭いて

上向きにパック
されているものを
購入して

美味しさ続く保存法

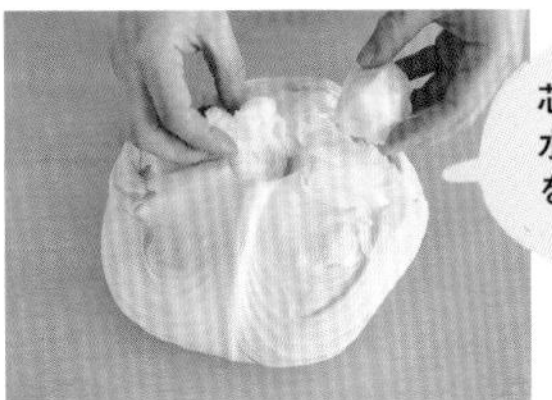

芯をくりぬき、
水を浸したペーパー
を入れると長持ち！

葉脈(葉の模様)が対象で、
きれいな五角形が
おいしい印

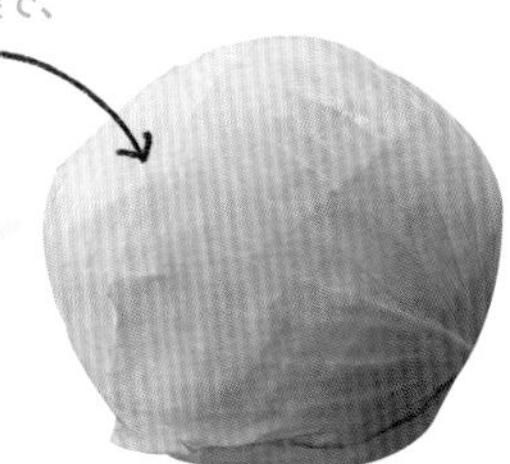

これぞ、

キャベツ

外側は捨てないで！
炒めても水っぽくならず、
きれいな緑に！
切りたては辛味があるので、
千切りキャベツなど30分ほど置くと
食べやすく塩揉みもおすすめ

きゅうり

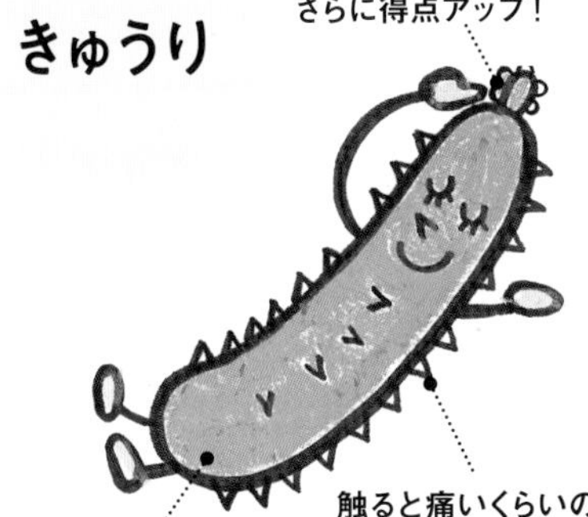

ヘタのところに小さい
イボがついていると
さらに得点アップ！
触ると痛いくらいの
イボイボがあると◎
輪切りか千切りしたあと
サッと湯通しすると、
青臭さがなくなる！

苦み抜きの方法

先端を切って、クルクル
回すと苦み成分・
白い液体が抜けて
食べやすく！

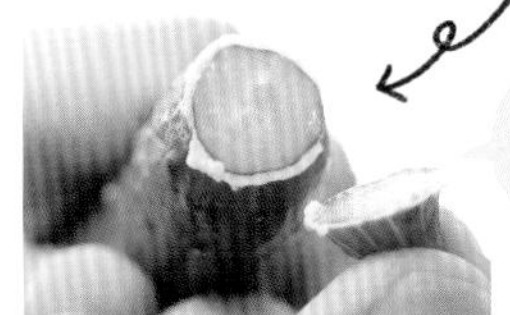

10秒ほどで
すぐに周りが
白く！

ピーマン

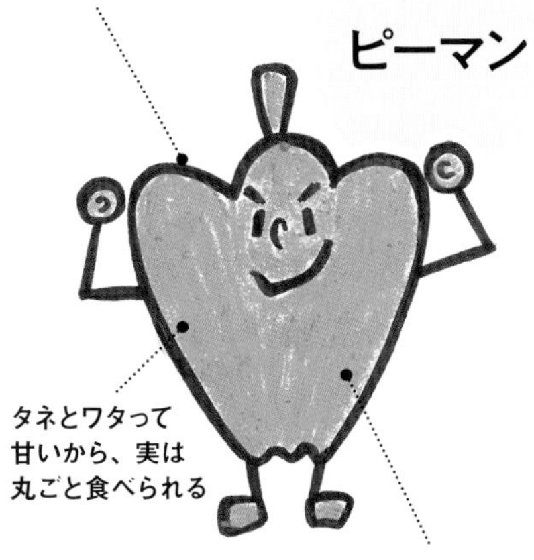

肩が盛り上がった
マッスルマンがおいしい
タネとワタって
甘いから、実は
丸ごと食べられる
横に切るとやわらかく、縦に切ると
食感があり、えぐみが出にくい

ヘタ部分を親指で
押すと、簡単に
タネが取れる

ポコッと
一度で外れる

にんじん
頭の切り口が
小さいものが◎
ひげ根が生えている
穴が等間隔なのは
肥料を十分に
与えられて育った証拠
多めの油で炒めると、
甘さが増して
食感もホクホクに
ひげ根が等間隔の
美人にんじん！

ブロッコリー
つぼみがギュッと閉じて
葉っぱがバンザイを
しているものが新鮮
暑がりだから
野菜室ではなく
冷蔵庫で立てて
保存するのがベスト
芯の中心の白い部分が
一番のごちそう！ 絶対捨てないで
これが葉っぱ！

れんこん
これが節！
節が細かくあると
空気に触れにくく
鮮度長持ち！
切り口が白くて
変色していないものが
おいしい！
輪切りれんこんが
苦手な子には
縦切りでトライ！
縦切りだと
食感が変わり
ホクホクに！
ぷっくり体系で、
ズッシリ重量感があるものが
旨みが詰まっている

苦み抜きの方法

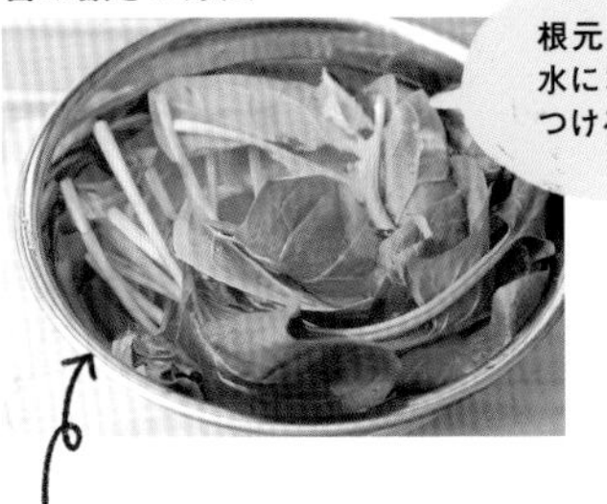

苦み抜きをすると
甘さがグンとアップ

ほうれん草

ゆでた時、お湯が
緑色にならないものほど
エグみが少なく、
食べやすい！

緑色が濃いものより
淡い色がおいしい！

根っこの
ピンク部分が
一番甘い

なす

ヘタのトゲが鋭く
ヘタの下が白っぽいのが
新鮮な印

切り落とすのは
もったいない！
ヘタの周りが
旨みの宝庫！

ヘタの周りだけ
そぐように
鉛筆むきを

だいこん

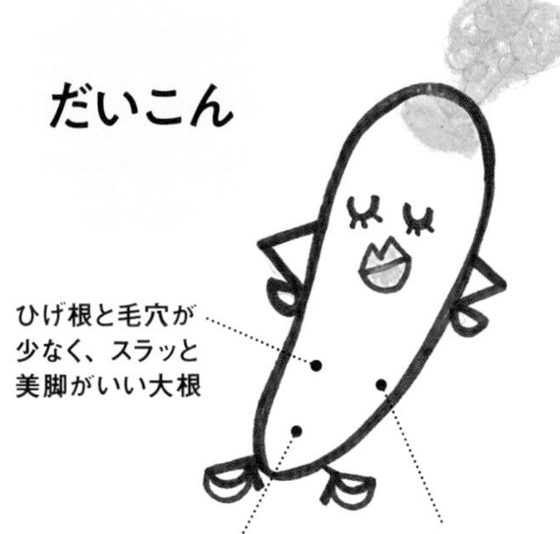

ひげ根と毛穴が
少なく、スラッと
美脚がいい大根

すりおろす時は
やさしく円を描くと
まろやか味に

繊維を断ち切るように
薄い輪切りにしたあと、
千切りすると
辛みが抜けて食べやすく！

おいしくなるすりおろし方

ゴシゴシすりおろすと
繊維が固く
辛みがアップ

PART 4

給食アレンジメニューもたくさん！

野菜がおいしい 麺＆ごはん

食欲のない日にもちゅるんと食べられるヌードルから、
給食の人気メニューをアレンジしたものまで、
リクエストが多い鉄板麺＆ごはんをラインナップ。
野菜がいっぱい入って栄養満点だから、
補食にランチにぴったり！

「お腹減ったコールに！
材料3つ、5分でできる」
の巻

詳しい作り方は
P97へGO

調味料不要で、ひとつの鍋で5分あれば作れる手軽さがうれしい。トマトの酸味もまろやかになり、ツナとの相性も抜群

（7・9・11歳女の子のパパ）

そうめんの塩気とツナ缶のオイルで調味料いらず！

トマト煮込みそうめん

材料

そうめん…3わ
トマト…3個
ツナ缶…2缶

作り方

1 トマトは1.5㎝角に切る

2 フライパンにトマトとツナ缶を油ごと入れて中火で熱し、1分炒める。水900㎖を入れて沸騰したらそうめんを半分に折って入れ、規定の時間ゆでる

ツナ缶のオイルで炒める油いらず！

3 器に盛りつけたら、ごま油少々をたらす

風味づけ♪

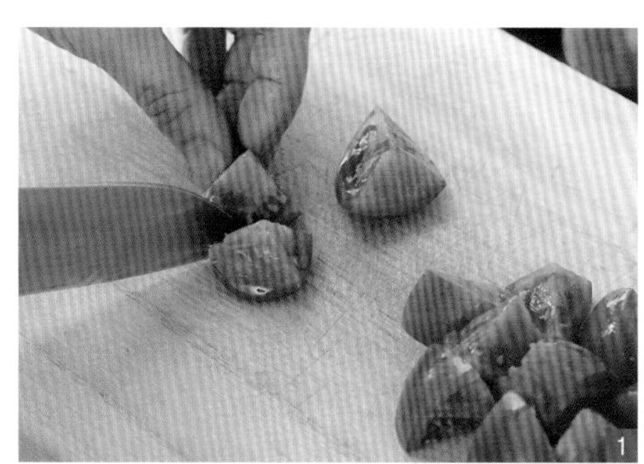
1

加熱して甘みが増したトマトの旨みをそうめんに存分に染み込ませました。そうめんをスープで煮込むと時短にもなるし、とろみも出て食べやすく！

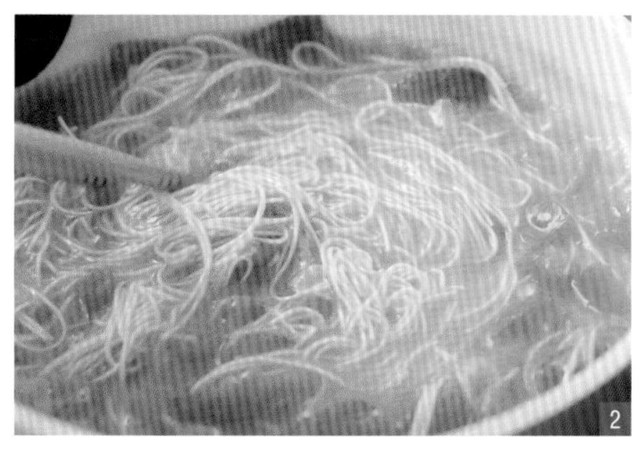
2

野菜も麺も一緒にゆでて時短に！

冷やし中華風うどん

材料

うどん…3玉
ハム…5枚
きゅうり…1本
ミニトマト…4個
もやし…½袋
卵…3個

Ⓐ
- しょう油…大さじ3
- 酢…大さじ2
- 砂糖…大さじ2
- ごま油…大さじ1
- 白だし…大さじ1

作り方

1 きゅうりとハムは千切り、プチトマトは幅3㎜の薄切り、もやしは水で洗う。Ⓐと水大さじ1を混ぜて、タレを作る

2 フライパンに油大さじ½をひき中火で熱し、卵液を入れて、炒り卵を作る

大きくふわりとかき混ぜて

3 たっぷりの熱湯にうどん、きゅうり、もやしを入れて3分ゆでる。ゆで上がったら、冷水にとって冷ましてから水気をしっかりと切る

乾麺の場合は袋表示に従って

冷水にさらすのはサッとでOK

4 器に麺を盛り、ハム、トマト、きゅうりともやしを飾り、タレをかける

きゅうりをゆでると青臭さがなくなるので、普段は残しがちな子どもたちもペロリ。うどんのほうが中華麺よりさっぱりとしているから、暑い夏に最適
（3・7歳女の子のママ）

ズッキーニをすりおろしたのは初めての経験でしたが、いつものジャージャー麺が甘く食べやすくなったのには驚き！ 子どもウケも抜群です
(5歳男の子のママ)

ズッキーニの水分で煮詰めるからまろやかに

ズッキーニジャージャー麺

材料

中華麺…3玉
ズッキーニ…2本
合いびき肉…500g
にんにく(すりおろし)…大さじ1

Ⓐ
- 味噌…大さじ1
- しょう油…大さじ1
- オイスターソース…大さじ1
- はちみつ…大さじ1
- すりごま…大さじ½

作り方

1 ズッキーニはヘタを取ってすりおろす

2 フライパンにごま油大さじ1をひき中火で熱し、中華麺の上から水大さじ2を回し入れ、ほぐしながら5分炒め、お皿に盛りつける

3 合いびき肉とにんにくを炒める。肉の色が変わったらⒶを入れる

すりごまでコクアップ！

4 3にズッキーニを入れてひと煮たちしたら、水溶き片栗粉でとろみをつけ、麺の上に盛りつける。最後にお好みでズッキーニ幅5㎜の角切りを散らす

片栗粉大さじ½と水大さじ1を混ぜて

片栗粉をまぶしているからか、
豚肉がふっくら。クタッとなったパプリカが絡まってパッタイのような食感に！　パプリカが安いと大量買いして作ります

（10歳男の子のママ）

クタッとパプリカがソース替わり

にんにくとごま油で塩ダレ風に！

パプリカ焼きそば

材料

中華麺…3玉
パプリカ（赤・黄色）
…各½個
豚バラ薄切り肉
…100g
Ⓐ
にんにく（すりおろし）
…小さじ1
塩…小さじ1
砂糖…大さじ½
ごま油…大さじ½

作り方

1 パプリカは長さを半分に切り、幅5mmに切る。豚肉は幅5mmに切り、塩ひとつまみと片栗粉（小さじ1・分量外）をまぶしておく

2 フライパンに油大さじ1をひき中火で熱し、パプリカと塩ひとつまみを入れて10分炒める

パプリカがクタッとなるように

3 豚肉を加えてさらに炒め、肉の色がかわったら麺を入れて野菜から出た水分を吸わせるようにして炒める

麺を蒸す水は入れず、パプリカから出た水分で蒸す

4 Ⓐを入れて味を調える

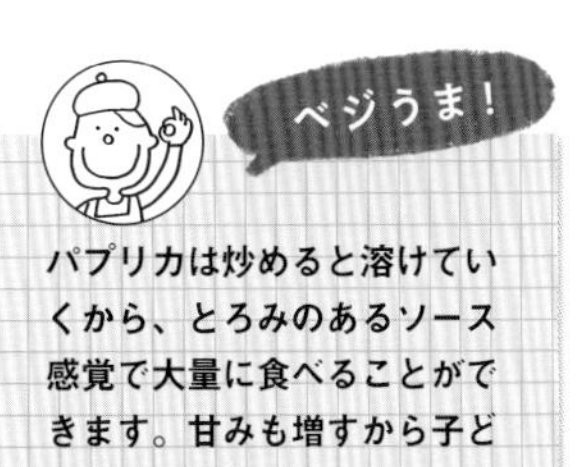

パプリカは炒めると溶けていくから、とろみのあるソース感覚で大量に食べることができます。甘みも増すから子どもも食べやすく！

バターの香りがふわり立ち込める♪

ごぼうとベーコンの炊き込みピラフ

材料

米…2合
ごぼう…1本
ベーコン…5枚
いんげん…5本
塩…小さじ1
砂糖…大さじ1
バター…10g

作り方

1 ベーコンは幅5mmに切り、ごぼうはささがきにする。いんげんはヘタと筋をとり、斜め千切りにする

2 フライパンに油大さじ1をひき中火で熱し、ごぼうを5分炒める。その後、ベーコン、いんげん、塩と砂糖を入れて1分炒める

ごぼうの焦げ目がつくまで

3 お米をといだら、具材から出た煮汁を先に加え、その後2合の目盛りまで水を入れる。具材を上からのせて炊き込みモードで炊飯する

4 ご飯が炊けたら、バターを混ぜる

コクがアップ

ベーコンとごぼうを炒めてから炊飯するので、ごはんが炊けた時に香ばしいにおいがあたり一面に！ 子どもたちもにおいにつられて寄ってきます
(5歳男の子・3歳女の子のママ)

お弁当にリクエストされることが多い三色丼。そぼろにれんこんが入っているから食感もよく、野菜もいっぱいとれるのでお気に入り
(4歳・5歳男の子のママ)

味噌とはちみつでまろやか&深みのあるそぼろに

牛れんこんそぼろの三食丼

材料

温かいご飯
…どんぶり3杯分(550g)
れんこん…1節(300g)
絹さや…10本
卵…3個
牛ひき肉…300g
Ⓐ
しょう油…大さじ2
みりん…大さじ1
はちみつ…大さじ1
味噌…大さじ½

作り方

1 れんこんは粗いみじん切りにする。絹さやはヘタと筋をとって熱湯で1分ゆで、斜め千切りにする

れんこんは5㎜角が目安!

2 フライパンに油大さじ½をひき中火で熱し、卵液を流し込み、炒り卵を作る

菜箸を細かく動かし、そぼろ状に♪

3 牛ひき肉とれんこんを炒めて、肉の色が変わったらⒶを入れて混ぜ、出てきた汁気を煮詰める

肉が固くなる前に火を止めて

4 器にごはんを盛り、絹さやと2と3を盛りつける

たくさんの野菜も鉄板の甘辛ダレと半熟卵で絡めれば完食!

野菜の水分で煮込んだ親子丼

材料

温かいご飯
…どんぶり3杯分(550g)
鶏もも肉…200g
にんじん…⅓本
玉ねぎ(小)…1個
しいたけ…3個
枝豆(茹でたもの)…50g
卵…3個
塩…小さじ⅓

Ⓐ
- 麺つゆ…大さじ2
- みりん…大さじ2
- しょう油…大さじ1

作り方

1. 鶏肉はひと口大に切る。にんじん、玉ねぎ、しいたけは千切りにする

2. 鍋に1の食材を入れ、塩をふってから木ベラで軽く混ぜる。蓋をして弱火で10分蒸す

蓋を取らずに
10分ガマン!

3. 中火にしてⒶを入れて1分かき混ぜ、枝豆、卵液を流し込んで卵が少し固まったら火を止める。温かいご飯の上にのせる

卵は半熟状態が
美味

3

野菜の水分に溶け込んだ半熟状の卵がたまりません。野菜も千切りすると、箸でつかみやすく食べやすいみたい!
(4歳女の子のママ)

小松菜の色が変わりクタッとなっているからか、取り除くこともせずに食べます。コーンのシャキシャキ感や炒めた香ばしさもお気に入り！
(6歳・9歳女の子のママ)

一緒に炊き込むから青菜苦手さんにも好評！

五目炊き込みごはん

材料

米…2合
にんじん…½本
しめじ…1株
小松菜…2株
豚ひき肉…150g
Ⓐ しょう油…大さじ1
　みりん…大さじ1
　砂糖…大さじ½

作り方

1 にんじんは千切り、小松菜は幅2㎜に細く刻む。しめじは石づきを切り小房に分ける

2 フライパンにごま油大さじ½をひき中火で熱し、1と豚肉を入れて肉の色が変わるまで炒める。Ⓐを入れて、さらに1分炒めて火を止める

3 といだお米と具材から出た煮汁を入れ、その後水を2合の目盛りまで入れる。具材とごま油小さじ1を回し入れ、炊き込みモードで炊飯する

ごま油で風味アップ

PART

5

味つけは塩だけなのに旨み5倍増し！

魔法のベジスープ

ミルフィーユのように層にして重ねて蒸すだけ！
魔法のベジスープ調理法なら、味つけは塩＆塩こうじだけ。
出汁や特別な調味料がなくても味がキマります！
「苦手な野菜が入っていても、
知らない間に食べてしまっている！」
そんなミラクルでやさしい味わいのスープです。

ベジスープがおいしくなる4つのルール

1 鍋の蓋に穴が開いていないものを選びましょう
(※素材は土、鉄、セラミック、ステンレスがおすすめ)

2 塩は自然塩がおすすめ

3 野菜は皮ごと切って、層にして重ねましょう

4 蓋をしてほぼ無水、極弱火で煮込みましょう
(※少しの差し水はOK)

「重ねて蒸すとなぜか
おいしくなるベジスープ」
の巻

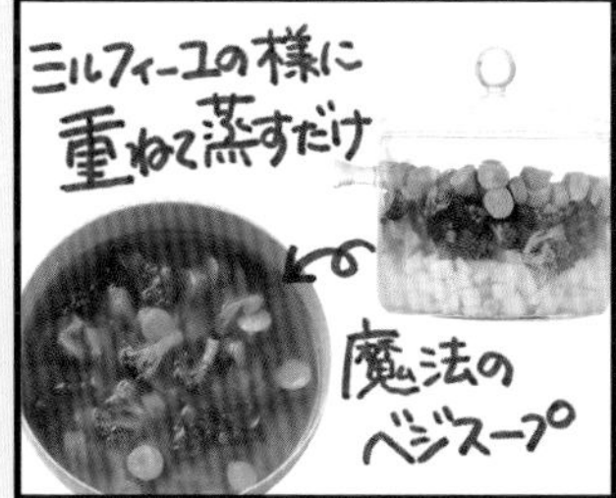

ごはんさん!
ママ
いつものスープお願い!
あのスープなら
お野菜食べてくれるのよ!

1週間で
あまいからだいすき♡
ペロリん
空っぽ

みんな行くよー
出動!!
はーい
SALT
野菜を甘くするには
僕が大切なんだよ♪

詳しい作り方は
P108へGO

トマト缶不使用だから、酸味が少なくまろやか♪

ガーリックトマトスープ

冷蔵 5日　冷凍 30日

材料

A
- トマト…2個
- ブロッコリー…¼株
- 玉ねぎ…1個

ソーセージ…5本
塩…ふたつまみ
にんにく（すりおろし）…大さじ1
オリーブオイル…大さじ1

作り方

1 トマトと玉ねぎを1cm角に切り、ブロッコリーは小房に分ける

2 鍋底に塩ひとつまみを加えてから、玉ねぎ、ブロッコリー、トマト、ソーセージの順に重ねる。最後に塩をひとつまみ加えてから蓋をして、極弱火で15分蒸す

3 水800mlと塩（小さじ1〜2・分量外）、にんにくを入れてひと煮たちしたら、オリーブオイルを入れる

オリーブオイルでまろやかに

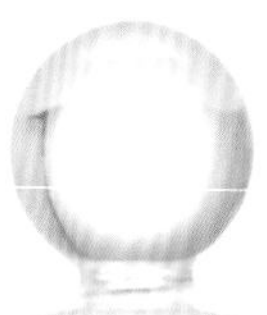

層にしてミルフィーユ煮すると旨み爆発！

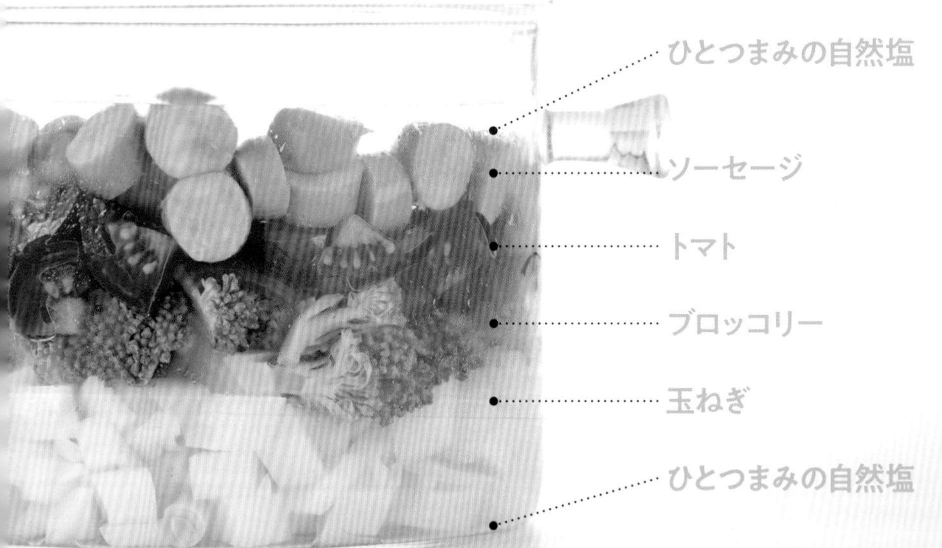

スープなら
朝食にも!
重ねて蒸すだけで
旨みアップ
味つけは
塩だけ
あっあっ
野菜の甘みが
一番の調味料
だしいらずで
経済的
応用も自在

みじん切り玉ねぎが甘さの秘密!

オニオンたっぷりスープ

冷蔵 5日　冷凍 30日

材料

玉ねぎ…3玉
ベーコン…5枚
塩…ふたつまみ
塩こうじ…大さじ2〜3
オリーブオイル…大さじ1

玉ねぎを切る前に皮がついたまま電子レンジで30秒ほど加熱すると、目が痛くなるのを防げますよ

作り方

1 玉ねぎ半分をみじん切りにする。残りの玉ねぎ2個半を縦半分に切ってから、幅3mmの薄切りにする。ベーコンは幅1cmの短冊切りにする

新玉ねぎを使うときはみじん切りの代わりにすりおろす

2 鍋底に塩ひとつまみを加えてから、玉ねぎ（みじん切り）、玉ねぎ（薄切り）、ベーコンの順に重ねる。最後に、塩をひとつまみ加えてから蓋をして、極弱火で15分蒸す

3 水800mlと塩こうじを加えて中火で熱し、ひと煮たちしたらオリーブオイルを入れる

蒸すと旨みがぐっと増して、時短にもなるので助かります！　コンソメなしで充分おいしい
（6・8歳男の子のママ）

味噌を入れなくても、やさしいコクと甘さでとってもおいしい！ 親が食べるときは塩こうじをさらに大さじ1プラスしていただいています。
(4歳男の子のママ)

塩こうじパワーで長時間煮込んだような風味に！

塩豚汁

冷蔵 5日　冷凍 30日

材料

にんじん…½本
大根…5㎝
小松菜…3株
しいたけ…3個
豚バラ肉…150g
塩こうじ…大さじ2〜3
塩…ふたつまみ

3

作り方

1 にんじん、大根は幅2㎜のいちょう切り、小松菜は長さ2㎝、しいたけは幅2㎜、豚バラ肉は幅1㎝に切る

2 鍋底に塩をひとつまみ加え、下からしいたけ、大根、にんじん、小松菜の順に重ねる。最後に塩をひとつまみ加えてから蓋をして、極弱火で10分蒸す

3 水800㎖を加えてひと煮たちしたら、豚肉を加える。肉に火が入ったら、アクをすくい、塩こうじを入れる

豚肉は最後に入れると固くならない

ふーふー

余分な調味料が一切入っていないのに、蒸し煮でここまでおいしくなるんだと驚きました。子どもにも安心して食べさせられます

（3・4歳男の子のママ）

食材から出た旨みが調味料代わり!

具だくさんクリームスープ

冷蔵 3日　冷凍 ×

材料

玉ねぎ…½個
にんじん…½本
コーン(缶)…100g
枝豆(冷凍)…100g
鶏もも肉…150g
牛乳…500mℓ
塩…ふたつまみ

作り方

1 玉ねぎ、にんじんは1cmの角切りにする。鶏肉はひと口大に切り、塩(ひとつまみ・分量外)をふる

塩で鶏肉の臭み抜き!

2 鍋底に塩をひとつまみを加えてからコーン(汁ごと使用)、枝豆、玉ねぎ、にんじんの順に重ねる。最後に塩をひとつまみ加えてから蓋をして、極弱火で10分蒸す

3 水300mℓと鶏肉を加えて蓋をして中火で5分煮る。アクが出たらすくう

4 鶏肉が煮えたら牛乳を加えて温め、塩(小さじ1〜2・分量外)で味を調える

沸騰直前で火を止めて

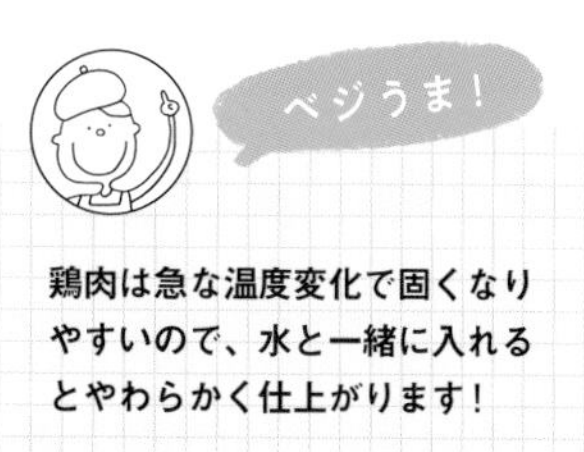

鶏肉は急な温度変化で固くなりやすいので、水と一緒に入れるとやわらかく仕上がります!

きのこ苦手さんもこれなら克服できるかも!?

きのこたっぷりポタージュ

冷蔵 5日　冷凍 30日

材料

マッシュルーム… 10個
まいたけ… 2パック
しめじ(白)… 2パック
玉ねぎ… 1個
塩… ふたつまみ
牛乳… 300mℓ
生クリーム… 100mℓ
塩こうじ… 大さじ1〜2

作り方

1 マッシュルームは3mmの薄切り、まいたけとしめじは石づきを切り、小房に分ける。玉ねぎは縦半分に切り、幅3mmの薄切りにする

玉ねぎで甘みをプラス

2 鍋底に塩ひとつまみを加えて、しめじ、まいたけ、マッシュルーム、玉ねぎの順に入れる。最後に塩をひとつまみ加えてから蓋をして、極弱火で10分蒸す

3 水200mℓを加えてハンディブレンダーでなめらかに攪拌し、生クリームと牛乳を加えて弱火で2分煮込む。塩こうじで味を調える

沸騰させないように注意して

きのこ嫌いな息子に、このスープを作ってみるとおかわりするほど大好評。形がわからないからなのか、ほとんど味つけもしてないのに不思議です。
(6歳男の子のママ)

鶏団子も野菜と一緒に蒸すので、とってもやわらかくふわふわです！ 食欲がないときも、これなら食べてくれます
（7歳・9歳女の子のママ）

ちゃんこ鍋のようにお腹いっぱいに！

ふわふわ鶏団子スープ

冷蔵 5日　冷凍 30日

材料

鶏ひき肉…150g
キャベツ…4枚
もやし…1袋
豆腐（絹）…½丁（75g）
塩…ふたつまみ
塩こうじ…大さじ2〜3
ごま油…大さじ1

作り方

1 キャベツは長さ2cmの短冊切り、もやしは水洗いする

2 鶏ひき肉と豆腐、塩（ひとつまみ・分量外）を袋に入れて、白っぽく粘りが出るまで揉み、直径1.5cmの団子状に丸める

絹豆腐でふわふわ団子に

3 鍋底に塩をひとつまみを加えてから、もやし、キャベツ、**2**の鶏団子の順に重ねる。最後に塩をひとつまみ加えてから蓋をして、極弱火で10分蒸す

4 水800mℓと塩こうじを加えて中火にし、沸騰したら火を止めてごま油を回し入れる

ごま油で風味アップ

PART 6

おいしくてビタミンたっぷり!

ベジおやつ

子どもが大好きなおやつも、ぜひ野菜を使って作ってみて。
カラフルトマトを使ったキラキラゼリーや
お絵描き感覚でできる発酵いらずのピザなど
子どもと一緒に楽しみながら作れそうな
見た目もかわいい簡単メニューを集めました!

「自分で作るとおいしくて モリモリ食べちゃうゾ!」の巻

詳しい作り方は P122へGO

トマトも皮むきして、りんごゼリーと一緒に食べるからか、トマトが苦手な娘も大好き。甘すぎないので、パパも大好き
(5歳女の子のママ)

りんご味だから食べやすい!

ミニトマトのキラキラゼリー

材料（4個分）

ミニトマト…20個
グレープフルーツ
（ルビー）…1個
りんごジュース…200mℓ
はちみつ…大さじ2
ゼラチン（粉）…5g

作り方

1 ミニトマトは楊枝で2カ所穴をあけ、熱湯に10秒ほど浸けて、むけてきた皮を取る。グレープフルーツの薄皮をむく。ゼラチンは水大さじ2を入れ、ふやかしておく

トマトは熱湯につけすぎるとドロドロに

2 りんごジュースとはちみつ、水150mℓを鍋に入れて沸騰直前まで温め、ゼラチンを入れて大きくかき混ぜる

沸騰させるとゼラチンが固まらなくなるので注意

3 グラスにトマト、グレープフルーツを入れ、**2**のゼリー液を入れて冷蔵庫で3時間冷やし固める

1

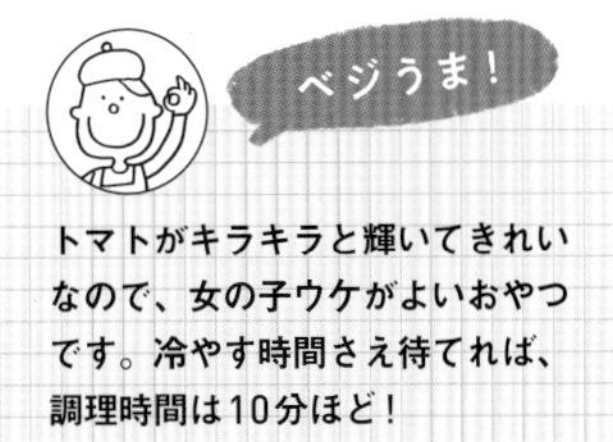

トマトがキラキラと輝いてきれいなので、女の子ウケがよいおやつです。冷やす時間さえ待てれば、調理時間は10分ほど!

3

カフェスイーツのようなきれいな断面にうっとり♪

かぼちゃのフルーツサンド

材料（10切れ分）

かぼちゃ…¼個（400g）
クリームチーズ…54g
生クリーム…50mℓ
サンドイッチ用食パン
（10枚切り）…10枚
いちご…15個

作り方

1 かぼちゃはタネを取り、皮をむく。ラップをかけて電子レンジ500Wで4分加熱する

ラップはふんわりと

2 かぼちゃを木べらでつぶし、クリームチーズ、生クリームを混ぜ込んでペーストを作る

かぼちゃが熱いうちに急いで♪

3 食パン2枚にクリームチーズ、かぼちゃペーストを塗り、いちごをのせてサンドする

食パンの真ん中にいちごが来るように

4 ラップでややきつく包む。1時間冷蔵庫で寝かせてから、食べやすい大きさに切る

冷蔵庫で冷やすと断面がきれいに

お店に並んでいるようにきれいな断面とやさしい甘さに、何度もリピート！
（6歳女の子のママ）

タッパーにも詰めやすいので外出時のおやつにもぴったり。いっぱい作って、冷凍しています！
（2歳・4歳男の子のママ）

米粉を使うから、食感もっちり！

2色の野菜クレープ

材料

（直径20㎝各5枚分）

にんじん…⅓本
ほうれん草…1株
バター…20g

Ⓐ
- 米粉…120g
- 牛乳…240㎖
- 砂糖…小さじ4
- はちみつ…大さじ1
- 塩…ひとつまみ

作り方

1 にんじんはすりおろし、ほうれん草はみじん切りにする。バターは耐熱皿に入れてふんわりラップをし、電子レンジ500w 20秒加熱する

にんじんは皮ごとすりおろして

2 Ⓐと溶かしたバターを2つのボウルに等分して分けて入れた後、ひとつのボウルにはにんじん、もう一方にはほうれん草を加える

にんじんは水気を軽く絞って

3 フライパンを弱火で熱し、バターを入れて溶かす。生地を大さじ3ほど入れて薄くスプーンで広げる

バターは1枚につき小さじ⅛

4 表面が固まってきたらひっくり返して1分焼き、プレゼント巻きの要領で包む

左右を折りたたみ、手前からクルクル♪

生地がやわらかくこねやすいので、
粘土感覚で遊びながら子どもたち
とよく一緒に作ってもらっていま
す。自分が作ったものだと苦手な
ピーマンも食べてくれる
(5歳・7歳女の子のママ)

ベーキングパウダーで、ピタパンのようなカリッと生地に

発酵いらずのピザ

材料（直径15cm4枚分）

生地

Ⓐ
- 強力粉…200g
- 薄力粉…50g
- ベーキングパウダー…8g
- 砂糖…20g
- 塩…3g
- オリーブオイル…15g

トッピング

- ベーコン…4枚
- コーン（缶）…大さじ4
- ピーマン…½個
- ミニトマト…4個
- ピザ用ソース…大さじ4
- ピザ用チーズ…100g

作り方

1 Ⓐをポリ袋に入れ、空気を入れて膨らませて口をひねり、よくふる。水150mℓを少しずつ入れながら、揉む。生地がまとまり、粉っぽさがなくなったら、オリーブオイルを2、3回に分けて入れ、さらにこねる

オイルは生地の中に入れ込むようなイメージで

2 生地がなめらかになったら、ひとつにまとめて10分休ませる

この間に、トッピングの準備♪

3 ベーコンは幅1cmに、ピーマンとミニトマトは幅2mmの輪切りにする

4 打ち粉（薄力粉適量・分量外）をした台に、厚さ5mmに生地をのばす

綿棒がない場合は、手で広げてもOK！

5 生地の上にピザソースを薄くのばし、3のトッピングとコーン、ピザ用チーズをのせてオーブントースター1000Wで10〜15分焼く

オーブンの場合は余熱あり250℃13分！

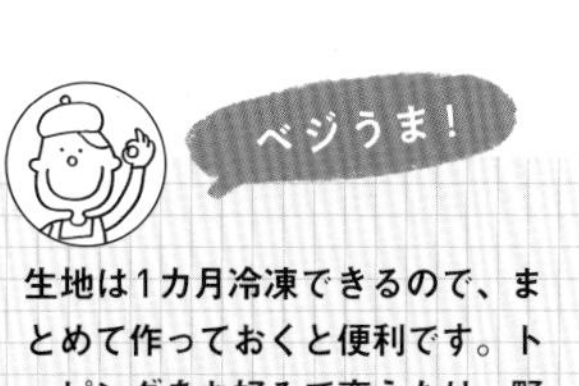

ベジうま！

生地は1カ月冷凍できるので、まとめて作っておくと便利です。トッピングをお好みで変えたり、野菜で顔を作ったりいろいろアレンジを楽しんでくださいね。

5

野菜別INDEX

少しでも多くの野菜を子どもさんが大好きになって
いただけたらと、この本に掲載しているレシピを野菜別に
分類しました。毎日の献立にお役立てください。

卵・豆腐

ごはんさん

子ども料理研究家・訪問調理師

数カ月先まで予約が取れない、人気の訪問調理師。1年に約500軒のお宅を訪れ、今までに訪れた数は計約2000軒にのぼる。小学校の給食調理師の経験を活かした、子ども向けメニューが大好評。和洋中とジャンルを問わないレシピの豊富さを活かして、現在フリーランスの調理師として活躍中。子どもと一緒に料理をする食育プログラムも人気。

インスタアカウント：gohan.no.gohan

SPECIAL THANKS

鈴木陽大くん、鈴木友晴くん、
福田理子ちゃん、福田佳子ちゃん

企画・編集　神島由布子
装丁・本文デザイン　蓮尾真沙子（tri）
写真　合田和弘
DTP　鈴木俊行（ラッシュ）

訪問調理師 ごはんさんの
野菜大好きレシピ

2021年5月31日　初版第1刷発行

著　者　ごはんさん

発行者　小宮英行

発行所　株式会社 徳間書店
〒141-8202
東京都品川区上大崎3-1-1
目黒セントラルスクエア
電話 編集 03-5403-4350／販売 049-293-5521
振替 00140-0-44392

印刷・製本　図書印刷株式会社

ISBN978-4-19-865293-7